国際ビジネス戦略とマネジメント

茂垣 広志 編著

学文社

執筆者紹介 （執筆順，現職・執筆担当・主要著書）

茂垣　広志　横浜国立大学経営学部教授　　第1・2・3・4・5・8・9章担当及び編者
『グローカル経営』（共著）同文舘，2004年
『国際経営を学ぶ人のために』（編著）世界思想社，2001年
『グローカル戦略経営』学文社，20101年

池田　芳彦　文京学院大学経営学部教授　　第6・7章担当
『グローカル経営：国際経営の進化と深化』同文舘，2004年
『国際経営を学ぶ人のために』世界思想社，2001年
『国際経営論：マーケティングとマネジメント』学文社，1998年

田中　利佳　九州情報大学経営情報学部講師　　第10・11章担当
『経営グローバル化の課題と展望』（共著）創成社，2003年
「日系多国籍企業における海外派遣者の選抜と育成」日本経営教育学会編『経営教育研究』Vol. 5, 学文社，2002年
『日系多国籍企業における企業内教育訓練』創成社，2005年

島谷　祐史　横浜国立大学大学院国際社会科学研究科博士課程後期　　第12・13章担当
「製品アーキテクチャの変化と海外子会社の知識獲得」『文京学院大学経営論集』第15巻第1号，2005年
「海外子会社の知識獲得と移転に関する一考察」『横浜国際社会科学研究』第10巻第6号，2006年
「海外R&D拠点を基点とした知識移転」『横浜国際社会科学研究』第11巻第2号，2006年

はしがき

　国際競争力の向上というのは，すべての日本企業にとって至上命題となっている．これは，日本国内に焦点を当てて事業を展開している企業にとっても国際競争の波からは逃れられないことを意味している．国際競争の激化は，経済のグローバリゼーションのひとつの帰結であるといえ，各種規制緩和による外国企業の参入の容易さが日本国内での競争の激化を促している．しかし，海外で事業を展開している企業にとっては，次に述べるような，より広範囲で複雑な経営課題を投げかけられている．

　1970年代からの貿易摩擦問題から端を発し，1985年のプラザ合意による円高により，日本企業はそれまでの輸出による国際戦略から，海外生産（現地生産やオフショア生産）の本格的始動，さらには海外の研究開発所の設置など，より「複雑な」国際経営上のタスクに対処せざるをえなくなった．海外拠点の増加とその役割の多様化は，国際戦略の策定やそれら拠点間のマネジメントの多様性にいかに対応するかという課題に直面したのである．しかも，その後，グローバリゼーションは，1995年のWTOの発足に象徴されるように，加速化され，規格の統一，国際会計基準の設定など多方面でグローバリゼーションを推進するための制度も問題を含みながらも整えられてきた．

　また，グローバリゼーションの進展と並行して，中国やベトナムのような共産主義・社会主義国家の市場経済の導入や，1989年のベルリンの壁の崩壊に象徴される，東欧の旧社会主義国家の崩壊による自由主義国家への転換が相次いで起こった．中国も2002年にWTOへの加盟を果たしている．これらの事象の進展は，多国籍企業にとっては，競争の場である国際的な市場が地理的に拡大したことを意味する．近年では，BRICs（ブラジル，ロシア，インド，中国）が市場として注目されている．それだけではなく，途上国企業が技術的な能力を向上させ，低コストを武器に新たなライバルとして台頭してきた．価格競争が激化し，これまで「より良いものをより安く」という日本企業の基本戦

略に大きなダメージを与えたことは周知である．従来の先進国企業同士の戦いから，新たに台頭してきた途上国企業を含め，地理的にも拡大した市場での激しい競争が展開されることとなった．その対応として，日本企業は，貿易摩擦を回避するためにより市場に近いところで生産する現地生産工場，低コスト生産を目指すために多くの途上国に生産工場を設立していった．しかし，同じ低コストという土俵で勝負をするのであっては，途上国企業に分がある．その反省や技術移転に伴う技術漏出の問題もあり，近年では工場の国内回帰現象も見られるようになり，企業内国際分業の見直しもなされ始めてきている．さらに，グローバリゼーションのみならず，その動きの中でEU，NAFTA，AFTAなどのリージョナリズム（地域主義），地域経済同盟が発足し，それら地域への適応，市場へのきめ細かな対応の必要性という観点もまた経営課題を複雑化している．要するに，国際経営環境がグローバリゼーションにより単純化されるというものではなく，現実には複雑化してきているという認識を持つべきであろう．

　このような国際ビジネスにとって複雑化する環境要因と内部要因をどのように理解し，どのように国際戦略を策定し，国内外の拠点をどのように有効かつ有機的に結び付けていけばよいのか．本書は，複雑な国際経営上の問題を理解する上で必要な基本的な知識およびフレームワークを提示する．その際，初学者向けに，国際事業展開にかかわる基本的な知識の提供から，国際経営戦略の策定に不可欠な視点，そして国際経営管理の基本的イシューについてできる限りわかりやすく展開しようとした．そこで4つのパートから構成することとした．第Ⅰ部では，国際事業展開を理解するために必要な基本的知識の習得を目指し，国際ビジネスの基礎（第1章）や国際経営環境の動向を踏まえた国際経営の基本的視点（第2章）について解説している．第Ⅱ部では，それらを踏まえた上での，国際競争戦略について解説する．まず，外部分析としての国際的な業界構造の特質（第3章），経営資源に着目した内部分析の視点と経営資源の企業内国際移転の問題（第4章），内部資源のみならず外部資源の利用によ

る海外事業展開（第5章）という3つの視点から論じている．さらに，これらを踏まえた上で，第6章と第7章では，海外市場参入を中心とした国際マーケティング戦略を扱っている．

第Ⅲ部では，戦略からマネジメントへの展開で，国際経営管理の問題を扱う．まず，本社—海外子会社関係のマネジメントとして，国際経営組織（第8章），本社による海外子会社コントロール（第9章）について解説する．続く第10章と11章では，主に海外子会社内部のマネジメントに注目し，国際人事管理にかかわる基本的視点と問題について論じてある．最後に，第Ⅳ部として，多国籍企業として果たすべき企業の社会的責任について，欧米との比較を踏まえて論じてある．

以上が，本書の構成であるが，これから国際経営について勉学したいという学生やサラリーマンを念頭に置き，平易で分かりやすいことを心がけている．しかしながら，国際経営は，既存の一般理論（経営戦略論，経営管理論，マーケティング論，人的資源管理論）の応用および特殊な側面が多く，それらを理解したうえで国際経営を学ぶことをお勧めしたい．その意味では，本書は紙幅の関係もあり，説明が不十分なところは，本シリーズの関連する巻をぜひともお読みいただきたい．

最後に，一部の原稿が遅れ，そのために本書の発行が半年以上遅れたことに対し学文社編集部の方々にお詫びするとともに，それにもかかわらず暖かくも時には厳しく叱咤激励して下さった田中千津子社長に衷心から感謝申し上げたい．

2006年8月

著者を代表して

茂垣　広志

目次

第Ⅰ部 グローバル・ビジネスの基礎

第1章 国際ビジネスの基本 …………………………………… 3
1. 海外ビジネス形態　3
2. 海外子会社の設立方法と所有形態　7
3. 国際ビジネスの発展段階　11

第2章 国際経営の基本的視点 ………………………………… 17
1. 海外ビジネス形態と国際環境　17
2. 国際事業展開と国際経営環境　19
3. グローバリゼーションとローカリゼーション　21
4. 国際経営戦略と国際マネジメント　25

第Ⅱ部 国際競争戦略

第3章 業界特性と国際競争戦略 ……………………………… 31
1. 国際競争優位と業界の特徴　31
2. 業界特性と国際競争戦略　34
3. グローカル経営　41

第4章 経営資源と国際競争優位 ……………………………… 45
1. 内部分析による国際競争優位　45
2. 経営資源移転の戦略的有効性　47
3. 経営資源の特性と企業内国際移転　51
4. 内部資源の限界　55

第5章 国際提携戦略 …………………………………………… 58
1. 国際提携の背景　58
2. 提携のタイプ　61

3．海外事業展開と国際提携　63

　4．国際提携にかかわる諸問題　67

第6章　国際製品戦略とプロモーション　……………………………　71

　1．国際市場参入と市場細分化　71

　2．国際市場細分化戦略　75

　3．製品の国際的標準化と現地適応化　80

　4．グローバルブランドとローカルブランド　82

　5．多様なコミュニケーション手段　83

　6．国際広告の異文化対応　84

第7章　国際価格戦略と国際ロジスティクス　……………………　89

　1．価格の決定要因　89

　2．戦略的価格設定　91

　3．国際ロジスティクスの特質　93

　4．完成品以前のロジスティクス　94

　5．集約と集中からオープンシステムへ　99

第Ⅲ部　グローバル・マネジメント

第8章　国際経営組織　………………………………………………　107

　1．海外事業展開と組織　107

　2．国際事業部（海外事業部）　109

　3．グローバル構造　112

　4．グローバル統合化と現地適応化の構造的バランス　116

第9章　海外子会社コントロール　…………………………………　121

　1．多国籍企業のネットワークと国際経営管理　121

　2．海外子会社コントロールの多様性　123

　3．海外子会社コンテクストとコントロール　126

　4．多国籍企業における分化—統合　131

目次

第10章　企業のグローバル化と国際人的資源管理 …………… 135

1. 国際人的資源管理とは　135
2. 企業の発展段階と国際人的資源管理　137
3. 日系多国籍企業における国際人的資源管理　139
4. 国際人的資源管理の課題　144

第11章　多国籍企業と異文化マネジメント ………………… 152

1. 異文化マネジメントの諸理論　152
2. グローバル人材の異文化教育　154
3. 日本人海外派遣者の異文化適応問題　159

第Ⅳ部　グローバルCSR

第12章　多国籍企業の企業倫理 …………………………… 169

1. はじめに　169
2. 企業倫理とは　170
3. グローバリゼーションとステークホルダーへの影響　174
4. グローバル経営と企業倫理　178

第13章　CSRの国際比較 …………………………………… 185

1. はじめに　185
2. ヨーロッパのCSR　186
3. アメリカのCSR　190
4. 日本のCSR　192
5. CSRの国際標準体制の整備　195

索引 …………………………………………………………… 199

第 I 部
グローバル・ビジネスの基礎

- 第 I 部 グローバル・ビジネスの基礎
  - 第1章 国際ビジネスの基本
  - 第2章 国際経営の基本的視点
- 第 II 部 国際競争戦略
- 第 III 部 グローバル・マネジメント
- 第 IV 部 グローバルCSR

国際経営
グローバル・マネジメント

第1章の要約

　この章では，国際経営（戦略とマネジメント）を理解するために必要となる，海外ビジネスの方法について説明する．まず，どのような方法でターゲットとしている外国市場でビジネスを行うかという海外ビジネス形態（初期にあっては海外市場参入形態とよばれる）について解説する．国際ビジネスにはさまざまな方法があり，日本の巨大メーカーもそれら多様な方法を組み合わせて海外事業を展開していることを理解する必要がある．次にその多様な海外ビジネス形態の中でも，海外に自社販売会社や製造会社を設立するという，海外直接投資に基づく方法がある．その場合，その設立方法および所有形態について，それぞれの基本的特徴について解説する．本章のねらいは，これら海外ビジネス形態，設立・所有形態についてのメリット，デメリットをしっかりとおさえることにある．現実には，そのターゲットとしている海外市場の特徴はもちろんのこと，自社の属する業界特性や製品属性によってどのような方法が良いのかを選択することになる．その際，企業は必ずしも自由にそれらの方法を選択できるわけではなく，以上の要因に加え，社内要因（たとえば，国際ビジネスの経験）によっても制約される．そこで本章の最後に，これら海外ビジネス形態，設立・所有形態についての発展段階論的視点を提示し，国際ビジネスの方法と展開について議論を提示する．

第1章　国際ビジネスの基本

1. 海外ビジネス形態

　まず，海外ビジネス形態としては，3つの方法に大別することができる（図表1－1）．第1は，本国で生産した製品をターゲット国市場へ輸出するという方法である．この輸出による方法も，間接輸出と直接輸出という2つの方法に分けられる．

(1) 輸出：間接輸出と直接輸出

　間接輸出とは自社で輸出業務を行うのではなく，商社などの貿易会社にその業務を委託する方法である．他社を経由して輸出するという意味で間接輸出とよばれる．この方法は，自社に輸出部門を設置する必要はなく，また海外市場での流通等の特殊要因について精通していなくてもそれに精通している業者に任せることで失敗のリスクを低減できるという特徴をもっている．したがって，輸出部門を設置するコストが大きな負担となる輸出量が少ない場合，また貿易業務に関する専門知識，ターゲット市場関連知識がないというような海外市場

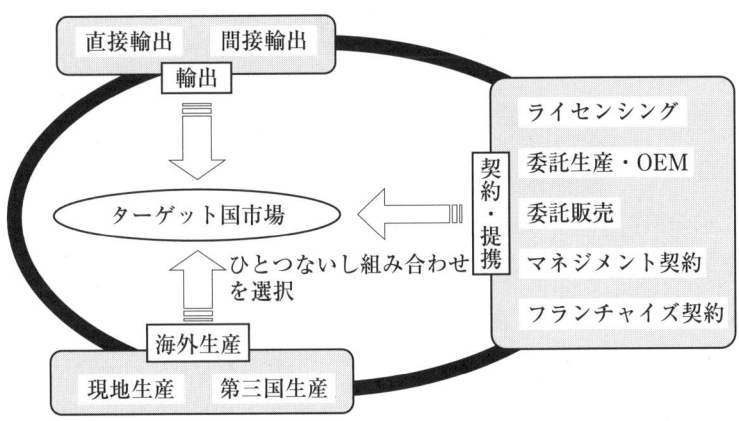

図表1－1　海外ビジネス形態

参入初期においてよく選択される方法であるといえる．精通した業者を通じてターゲット国市場へ輸出した方が，コスト面と現地環境への対応といういずれかあるいは両方の点で優位性がある場合には，この間接輸出が適しているといえる．

　それに対し，直接輸出とは，自社に輸出部門を設置し，自社自らの手によって輸出業務を行う形態である．この直接輸出を行う場合でも，現地国の現地代理店等を用いる場合と，自社販売会社を設立する場合がある．現地代理店を用いるメリットは，現地流通網を自社で構築する必要がないこと（すなわち，流通網への投資が不必要であること），現地流通面での特殊性について知らなくてもそれに精通している代理店を用いることによってその知識の欠如を補うことができることである．しかし，代理店に依存する場合，その代理店が他社の製品を扱う場合も多く，その代理店が必ずしも自社のコントロール化にあるわけではなく，契約の範囲内で自社のエージェント（代理人）として現地で活動する．間接輸出と直接輸出における現地代理店経由の両方の場合に共通していえることは，投資やコストの節約にはなるが，現地市場での活動を他社（商社や代理店）に依存するということである．自社に現地市場関連知識（流通や市場の特殊性）の欠如を補うというメリットはあるが，完全に自社の意のままに行動するとは限らないというデメリットもある．

　ターゲット国に自社販売会社を設立する場合には，一方で，投資（販売関連の海外直接投資）とランニング・コストがかかるが，他方では自社の子会社であることからコントロール力は高まるといえる．自社の戦略，販売方針などを現地で貫徹することが可能となる．また，販売会社を通じて，自社流通網を構築し，最終顧客へ近づくほど（たとえば，自社直営小売店の設置），その顧客に関する情報，とくに購買行動や自社商品に対する不満などについての顧客の「生の声」など製品企画，開発，マーケティングにとってきわめて重要な情報が入手しやすくなる．しかし，流通のすべての段階を自社で行うには莫大な投資や運営のコストがかかる．したがって，自社販売子会社を設立するかどうか，

そして現地販売活動のどこまでを自らの手で行うのかは，投資・コストとその有効性（パフォーマンス）から判断しなければならない．この現地での流通チャネルの選択については，第6章でより詳しく解説する．

(2) 海外生産：現地生産と第三国生産

海外生産は，その生産品の仕向け地によって現地生産と第三国生産に大別できる．現地販売を主たる目的とした生産工場の設置が現地生産であり，第三国生産とは，現地での販売が主たる目的ではなく，本国あるいは現地以外の国ぐにでの販売を目的としたものをいう．いずれにしても，この海外生産は，生産関連の海外直接投資をともない，その投資規模は，販売会社設立よりも巨額化し（しかも固定費の増加となる），従業員も多く必要とするという点で，輸出による海外市場参入よりもリスクの高い事業展開の仕方といえる．

そのようなことから，現地生産開始に当たっては，その投資規模に見合う現地での売上が長期的に期待できることが第1の条件となる．したがって，現地での生産量を販売できるかどうか，現地市場分析のみならず，自社の現地での販売力もその際重要な検討要因となる．また，さまざまな生産要素に関する分析も必要とされる．現地の政情・経済状況，現地の産業集積・部品調達，労働力・労働組合，現地の規制などに関する情報収集と体系的な分析が必要とされる．つまり，綿密なフィージビリティ・スタディ（feasibility study：F/S，企業化調査）が必要とされる．

次に，第三国生産に関しては，同様のことがいえるが，現地生産と異なるのは，他国市場での販売を主たる目的としていることである．代表的には，途上国におけるオフショア生産で，輸出加工地区（特区）への生産拠点の設置が代表的なものである．そこで生産された製品（あるいは部品）は，他国へ輸出されることになる．別の国で生産し，それを市場に投入するということであるから，第三国生産の場合には，その立地の優位性を比較分析することが必要とされる．輸出先国へのアクセス（輸送コスト，関税，港湾・空港などのインフ

ラ),輸出型企業への優遇措置(輸出特区,輸出加工保税地区など),他国に比べた労働力の質と量,給与水準などを踏まえて立地を絞り込み,決定することになる.

これら現地生産か第三国生産かという分類は,海外工場の立地に即した分類であり,その工場がどの範囲の生産を行うか,という問題に関係している.この現地生産か第三国生産かという分類は,その範囲でも製品の仕向け地の地理的市場に関わっており,現地生産というのは,地理的市場別分業の形態であるともいえる.生産の範囲に関しては,それ以外に,グレード別分業という方法もある.高位製品は,技術的蓄積の高い日本を中心とした先進国,中位製品は中進国,低位製品は人件費の安い途上国という分業体制である.また,工程別に工場を分業させるパターンもある.たとえば,前工程・後工程で用いる技術の相違から工場を分けるやり方である.したがって,海外事業展開の進んだ企業がある国家市場に投入する製品ラインは,本国からの輸出,これら現地生産と第三国生産の多様な組み合わせ(これを企業内国際分業という)によって構成されることが多くなる.

(3) 契約による海外ビジネス

自社と他企業との間に契約により,株式所有をともなわないビジネス形態がある.技術供与(ライセンシング),フランチャイズ契約,サービス契約,経営管理契約,製造委託契約などがその代表例である.これらは,ロイヤリティその他の対価を得るかわりに,外国企業に自社の無形資産(特許,技術・ノウハウ,商標など)を利用させる契約である(Root, F. R., 1982).これらは,資本投下の必要がなく,リスクの低い方法といえる.メーカーが用いる方法としては,ライセンシングや製造委託契約であるOEM(Original Equipment Manufacturing:相手先ブランド名生産)契約がかなり一般化してきている.これらの方法と海外事業展開の関係については,第5章の国際提携戦略で解説する.

2. 海外子会社の設立方法と所有形態

ここまで述べてきたように，国際的にビジネスを展開するには多くの方法があるが，その中でも販売子会社や生産子会社を設置し，ビジネスを行うという海外直接投資を行う形態の場合，子会社設立方法（新規設立か買収か）と所有形態（完全所有か部分所有か）の組み合わせを考える必要がある（図表1-2）．

(1) 海外子会社の設立形態

海外子会社を設立する海外直接投資には，①現地法人を新たに設立する方法（グリーンフィールド投資）と②現地の既存企業を買収する方法（企業全体あるいは工場など企業の一部を買収する方法）がある．

M&A（Merger & Acquisition：企業の合併・買収）プロセスの詳細については，本シリーズの第2巻『経営戦略』を参照していただくことにして，ここでは国際事業展開に関することに限定して解説する．新規設立に対してM&Aの特徴は，そのスピーディな展開である．既存企業あるいはその一部を取得することにより，素早く現地での操業に入ることができる．新規設立の場合には，用地選定（インフラ等の整備状況など含めて）から工場の建設，機械の搬入，従業員の募集・採用，訓練，テストラン等を経て操業に入ることになる．また，世界の主要国に生産や販売網を有する企業やグローバル・ブランドをもつ企業を

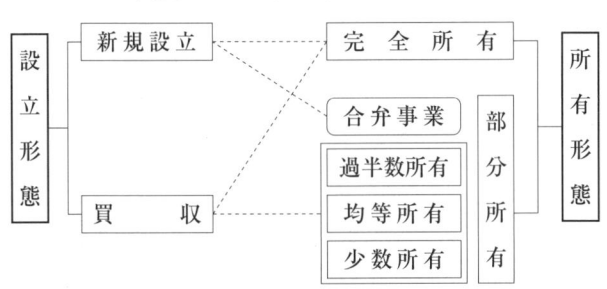

図表1-2　設立形態と所有形態

買収できれば，それを梃子にして海外展開を一挙に進めることも可能といえる．

さらに，M&Aは，業界構造上製品供給過剰である場合には，その業界全体の供給量を増やさずに海外展開を図ることを可能にする．新規に工場を建設し，海外展開を行うことは，ますますその供給状況を悪化させ，その業界の収益性の低下をもたらし，やがては自社の首を自ら絞めることになりかねない．そのような場合，既存の企業あるいは工場を買収することにより海外展開を図ることは，全体の供給量を増やさずに，自社の競争ポジションを向上させる有効な手段となる．

しかしこれらの利点をもつ反面，買収後のマネジメントが困難であることが指摘されている．経営管理システムの統合，企業文化の相違から混乱が生じたり，優秀なマネジャーやエンジニアが退職したりしてしまうという問題が発生しがちである．買収先の選定・評価，買収方法の選択（敵対的か友好的か），買収資金の調達方法の検討も重要であるが，after M&A，買収後のマネジメントをどのように行うかはきわめて重要な問題である．それに対し，新規設立の場合には，M&Aに比べ時間はかかるが，自社の理念や方針を貫くことは比較的容易といえる．

(2) 所有形態 (完全所有と部分所有：国際合弁事業)

次に，海外子会社の所有形態について考えてみよう．海外子会社の所有形態は，完全所有と部分所有の2つに大別することができる（図表1-2）．完全所有とは，端的には自社100%出資（単独出資）の子会社設立の場合である．それは完全所有子会社（wholly owned subsidiary）といわれる．部分所有とはそれ以外の出資比率の場合を指す．しかし，たとえば，90%出資の子会社と100%出資のそれの場合，マネジメント上大きな相違があるかといえば，経営の支配権上それほど違いはないと考えられている．したがって，80%以上出資の場合には完全所有子会社として扱われる場合もある（たとえば統計上）．部分所有は，自社の持分比率により，過半数所有（50%超を出資・所有），均

等所有(出資者間で均等に所有:たとえば2社間で50%ずつ),少数所有(50%未満を出資・所有)に分けられる.先の設立形態は,新規設立か既存の資産の買収かによる分類だが,ここでの所有形態は,出資比率による分類である.したがって,その組み合わせが考えられる.たとえば,新規設立でしかも100%出資して設立した子会社もあれば,買収により60%の株式を取得して経営権を握り子会社化するケース,新規設立でも現地で株式を上場している過半数所有子会社なども存在し,いくつかの組み合わせがある.

　ここでは,海外子会社設立における部分所有の代表的な方法である合弁事業形態に焦点を当てよう.通常,海外子会社を設立する際に,念頭に浮かぶのは自社で100%出資し,経営に当たるという完全所有の形態であろう.しかし,海外子会社を設立する方法として他社と共同で事業を行う方法がある.それが合弁事業(Joint Venture:JV)の利用である.合弁事業とは,「独立した2社以上が出資し,かつ経営に参加して事業活動を行う」という事業形態である.この合弁事業の定義には,ポイントが2つある.ひとつは,「独立した」企業による投資であるという点にある.2点目は,出資するだけではなく当該事業活動に必要な経営資源をそれぞれ投入し「経営に参加し事業活動を行う」という点である(図表1-3).相手方が出資してもその目的が配当のみであり,経営にはタッチしないという場合,厳密には合弁事業とはいえない.配当目的の資本参加ということになる.さらに国際合弁事業(これがここでの主たる対象となる)というのがある.これは,出資者間で国籍が異なる場合,あるいは事業を行う国が異なる場合である.たとえば,日本企業の数社が海外で共同事業を行う場合などは後者にあたる.しかし,典型的には,現地企業との間の合弁事業である.ここで,完全所有形態と合弁事業形態の特徴を対比すると図表1-4のように示される.

　完全所有の場合には,そのメリットとして次の3点が指摘される.①単独出資のため親会社によってコントロールが可能であり,自社の戦略にそってその役割を専門化し,他の拠点との調整が容易である.②投資収益をすべて確

図表1-3　単独出資と合弁事業

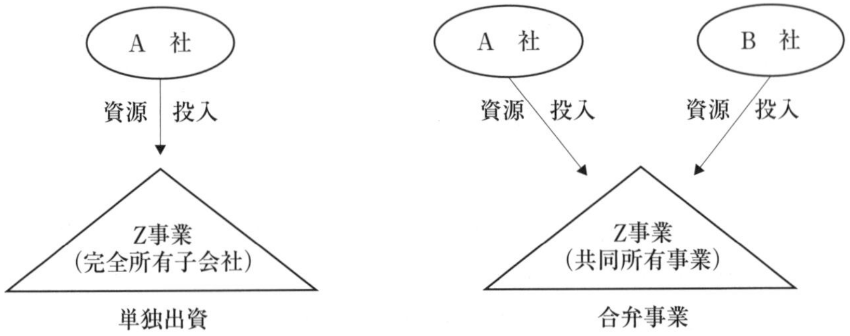

```
     A社                    A社            B社
  資源 ↓ 投入          資源 ↘      ↙ 資源 投入
   Z事業                    Z事業
（完全所有子会社）         （共同所有事業）

   単独出資                   合弁事業
```

図表1-4　所有形態による特徴の相対比較

側面	完全所有子会社	合弁事業子会社
コントロール	○コントロールしやすい	×コントロールしにくい ×相手側との調整コスト
資源（技術，知識・ノウハウ等）	○漏洩が少ない	×相手側に資源が漏洩 ○相手側の資源を学習・獲得 ○相手側投入資源とのシナジー効果
資金	×一社で全額負担（失敗時の損失大）	○部分負担（失敗時の損失小） ○一社で負担できない規模の事業が可能
収益	○全額獲得	×出資会社で配分
ナショナリズム対応	×批判の対象になりがち	○現地資本と組むことで緩和
その他	×外資比率規制があると不可	○外資比率規制に対応

保できる．③自社の経営資源の移転がしやすい（自社特有のノウハウ・知識等が漏洩しにくい）．しかしながら，デメリットとしては，①多くの経営資源の投入が必要（必要な資源を自社ですべて賄う）となり，②失敗したときに損失を単独で負担しなければならない．さらに，③現地資本が入っておらず，他国資本であるために現地でナショナリズムの高揚を刺激しやすい（あるいは批判の対象となりやすい）などがあげられる．

これに対し，合弁事業の場合のメリットとしては，①相手側のもつ経営資源を利用できる，②相手側の技術や知識・ノウハウをその共同事業を通じて

獲得することができる，③失敗時のリスクを出資分に抑えることができる，④これらのことにより完全所有の場合よりも少ないリスクで海外事業経験を積むことができる，⑤複数の企業が出資することで，自社単独では負担できないような規模の事業が可能となる，⑥また，それぞれ強みのある相補的な資源を投入することによって，シナジー効果（相乗作用）が期待される，⑦ナショナリズムの高揚による批判を緩和できる，などの多くのメリットが指摘される．また，現地国政府で外国資本の出資規制（たとえば，現地国内販売目的の場合には外国資本100％を認めない）がある場合には，直接投資による唯一の選択肢となる．デメリットとしては，①他企業がパートナーとして経営に参加するため，必ずしも自社の戦略にそってコントロールできるわけではない，②合弁事業の経営，方針や戦略，あるいは配当の分配をめぐって利害対立が生じる可能性がある，③それらを回避するための出資会社同士の調整コストがかかる，④その合弁事業から受け取る配当はパートナーとの分配のため完全所有方式より少なくなる，⑤先のメリットの裏返しとして，相手側に自社独自の技術や知識・ノウハウなどが漏洩する可能性がある，という点があげられる．

3. 国際ビジネスの発展段階

　以上，ここまで海外ビジネス形態，設立形態および所有形態についてそれぞれの特徴をみてきた．それでは，どのようにこれらを選択していけばよいのかをここで考えてみよう．

(1) 海外市場でのビジネス形態の発展段階

　たとえば，ある海外市場に参入する場合には，いかにそこでの成功確率を高め，失敗時の損失を低くするかということを考える必要がある．前者は，現地環境（とりわけ市場関連環境）に関する精通性に関係しており，後者は，投下資本額に関係している．投入する製品やサービスに関する現地環境（顧客の

ニーズやウォンツ,購買行動の特徴,流通での特殊性)が本国とは異なるほど,初めてその国に参入する企業にとって理解度は低く,失敗する可能性は高くなる.そのような場合,初めから大きな投下資本を投入することはリスクが非常に高いものとなる.したがって,成功確率を高め,失敗時の損失を低くするためには,不足している現地環境についての知識やノウハウを有する企業を利用し,あまり多くの投下資本を要しない形態を選択することである.たとえば,商社を通じた輸出(間接輸出)や資本支出をともなわない契約(たとえば委託販売)を利用する方法である.それら他社を活用した方法を行い,自社のどのようなタイプの製品が売れるのか,どのような不満があるのかをというような情報を入手し,現地環境への理解度を深めていくことである.そして徐々に投資額の大きな形態を選択していくというのが一般的なプロセスとされている.間接輸出→直接輸出(代理店経由)→直接輸出(自社販売会社設立)→現地生産(合弁)→現地生産(完全所有)という発展段階が描かれる.それを図式化しているのが図表1-5である.

この図の「期間軸」は,「経験」に置き換えて読むことができる.海外市場での経験を積むことによって,そのノウハウや知識を獲得ないし蓄積していく.

図表1-5 参入方式に関する意思決定の展開

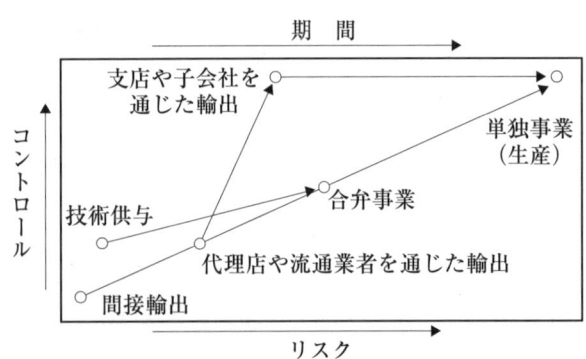

出所)Root, F. R., 邦訳(1984:32)

右上の単独事業での海外市場参入は，自社のコントロールは増大するが，失敗時の損失も大きくなるため，その展開には一定期間の経験，すなわち，よりリスクの低いタイプにより現地で事業経験を積み，海外事業経営のノウハウを蓄積する必要がある．このように，海外市場でのビジネス活動の形態は，漸進的な経験を積むことによってその選択肢および組み合わせが増大する形で展開していく．たとえば，キヤノンは，欧米でそれ以前は代理店を通じて行っていた販売を，1960年代から70年代にかけて自社の販売会社に置き換えていき，さらに，1980年代から生産会社を海外に次つぎと設立していった（永尾・茂垣，1996：116-118）．これは，多くの日本メーカーの欧米市場でみられる発展段階である．これをまとめると，次のようにいうことができる．「どのような形態で海外市場に参入すべきか」という問題で強調されてきたのは，海外市場の異質性からくる不確実性の増大，すなわち現地市場関連知識の欠如と，参入形態によってもたらされるリスクの大きさである．そしてターゲット市場が本国市場とは異質性に富み，かつその市場関連知識が欠如している場合には，その知識の欠如を補いうる他社（たとえば，商社や現地での代理店）を用いるという輸出形態が，必要な資源投入の低さからも選好されることになる．また，現地生産に先立っては，その相対的により大きな投資額とその固定的性格からも市場での売上による投資回収が必要条件であり，そのために販売チャネル形成がそれに先行し，生産子会社設立に先立ち自社販売会社の設立がみられることになる．

(2) 画一的でない海外ビジネス形態

しかしながら，このような発展図式が必ずしも当てはまらない場合がある．たとえば，途上国や新興市場とよばれる国では現地政府の政策により参入形態が規定される場合がある．高い関税は輸出による参入を阻止し，生産投資による能力の形成と同時に販売能力を形成するという製販並行展開（谷地，1999）である．また，現地代理店から現地販売会社への移行もすべての企業において

必然ではない．現地販売会社の設立が強く要請されるのは，現地での差別化マーケティングや技術サービスが競争上の優位性に重要な業界である（吉原，1988）．アフターサービスも含めて製品差別化の余地がなく，価格だけが勝敗を決めるような場合には，コストアップ要因となる形態を選択することは競争優位には必ずしもつながらない．したがって，発展段階論的視点は，資源投入量と現地市場関連知識の関係について重要な視点を提供するが，どの形態を選択するかは，この視点をベースにしながらも戦略要因も検討した上での戦略選択となる．

さらに，多くの海外拠点を有している企業にとって，ある標的国への参入は，その他の拠点との関係からも検討される．たとえば，メキシコへの市場参入を考えた場合，逆にメキシコ参入に当たって生産子会社設立から入り，その製品の多くをアメリカ販売拠点に輸出するとともにメキシコ市場へ投入するという方法も選択肢としてある．したがって，現地市場の不確実性が高い状況においても，間接輸出ではなく，直接投資をともなった生産拠点の設置も他の市場，他の拠点との関連性から正当化されうる（茂垣・池田，1998：138）．

このように，ある海外市場への参入において，自社内部の要因と現地環境を含む国際環境要因を検討し，どのような形態で参入するかを決定しなければならない．第2章では，国際環境に焦点を当てるとともに，多国籍企業のグローバルな事業展開について考察しよう．

演・習・問・題

問1 ソニーのアメリカ市場への参入に当たってどのような方法をとったか調べてみよう．
問2 製造業が中国市場へ参入するに当たって，WTO加盟前と後ではどのような変化がみられたか調べてみよう．
問3 海外のビジネス形態が，時間の経過とともにどのように変化していったかを，特定の企業と特定の参入市場（たとえばアメリカ市場）に焦点を当てて調べてみよう．

参考文献

Root, F. R. (1982) *Foreign Market Entry Strategies*, Amacom. (中村元一監訳『海外市場戦略』ダイヤモンド社, 1984年)

茂垣広志・池田芳彦 (1998)『国際経営論:マネジメントとマーケティング』学文社

永尾正章・茂垣広志 (1996)『これからの国際経営戦略』ジェトロ

谷地弘安 (1999)『中国市場参入:新興市場における製販並行展開』千倉書房

吉原英樹ほか (1988)『日本企業のグローバル経営』東洋経済新報社

《推薦図書》

1. 根本孝・茂垣広志・池田芳彦 (2001)『国際経営を学ぶ人のために』世界思想社
   海外ビジネス形態をはじめ, 国際経営の基本問題を平易に解説.
2. 吉原英樹 (1992)『日本企業の国際経営』同文舘
   国際経営に関する各分野の理論と日本企業の現実を解説.
3. 竹田志郎 (1995)『国際経営論』中央経済社
   国際経営の基礎理論から応用までを平易に解説

第2章の要約

　第1章で説明した海外でのビジネス形態は，個々の海外市場にどのような形態で参入するかという問題である．しかしすでに多くの海外市場に参入している企業は，それら形態の国際的な組み合わせとして自社の企業内国際分業を考える必要がある．一般的には，個々のホスト国市場への参入は，貿易およびホスト国市場関連知識の欠如，およびその欠如からくるリスクと必要投入資源量の関係から必要な知識を有する中間業者を用いる方式から始まり，知識・ノウハウの獲得を通じてよりコントロール直接投資方式，とりわけ完全所有子会社へ展開するとみられている．しかし，企業を取り巻く環境は一定ではなく，現地での企業環境や本国と現地国との間の2国間関係も異なる．それらによって現地でのビジネス形態も大きく影響を受け，さらに，海外に拠点を設置するにつれ，それらの拠点間の連係に影響を与える国際環境の変化も視野に入れる必要がある．それを企業内国際分業というが，経済のグローバリゼーション，リージョナリズムの台頭などが及ぼす影響について基本的な認識をもつ必要がある．そこで本章では，国際経営環境についての基本的な認識を深め，さらにはそこから国際経営の基本的な視点について引き出すとともに，国際経営の領域についての特殊的側面について理解を深めることを目的としよう．

第2章 国際経営の基本的視点

1. 海外ビジネス形態と国際環境

　ビジネス形態は、はたしてどの企業であっても同じ展開パターンをとるのであろうか。企業の戦略的行動とは、その企業が有する経営資源の認識と企業環境の認識に基づく、両者の適合関係の構築である。従来の形態論では、必要資源投入量とホスト国市場関連知識の有無が間接輸出と直接輸出、とりわけ海外販売子会社設立、あるいは現地生産との分岐をなすものととらえられている。すなわち、親会社によるコントロールの効く完全所有子会社を設けることは、リスクが高くそのリスクを下げるのに十分な海外事業経験を必要とする。しかしながら、間接輸出が有利かあるいは直接輸出が有利かは、国際経営環境に大きく依存する。ここでは、現地国の企業環境はもちろん、本国と現地国との間の政治的あるいは経済的な関係（二国間関係）が関係してくる。たとえば、現地国の企業環境として国内産業の保護あるいは育成のために輸入に対する高い関税の設定や輸入規制、外資規制を行っている場合には、製造委託か技術供与、あるいは直接投資のしかも現地資本との合弁事業しか選択肢はなくなってしまうケースがある。このようにみると、発展段階論的な視点により、主に企業の海外事業経験に基づく国際化に関わる経営資源の蓄積がかかわるが、他方では、国際経営環境の分析による戦略選択が必要となる（図表2－1）。

(1) 現地国環境と二国間関係

　現地国環境としては、マクロ的には、GDPや経済成長率、産業構造などの経済的側面、金融・為替などに対する政府政策的側面、独禁法・雇用関係法などの法的側面、文化や慣習などの社会文化的側面がある。これらは現地でビジネスを展開するうえで一般的な環境要因として分析は必要である。しかし、これら環境要因がすべて等しく現地での事業経営に影響を与えるわけではなく、当該事業分野に直接かかわっている要因はより詳細に分析する必要がある。た

第2章 国際経営の基本的視点

図表2−1 企業の国際戦略行動

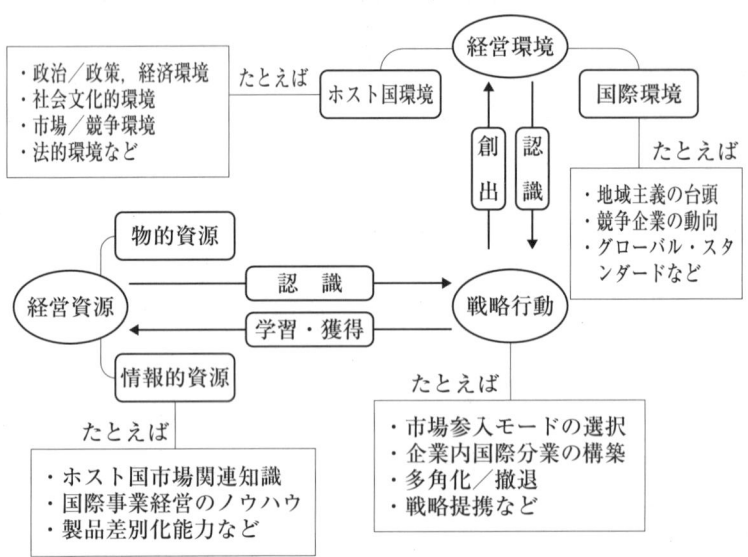

とえば，経済的側面でいえば，GDPや経済成長率だけではなく，当該ビジネス分野における市場規模・成長性の把握や予測は不可欠である．さらに細分化して，当社の製品／サービスがどのようなセグメントを狙うのか，そのセグメントの規模も問われなければならない．それは，どのような製品／サービスでどのようなセグメントをターゲットとしているかに大きくかかわってくる．また，現地政府の政策として，当該産業におけるローカル・コンテンツ（現地部品調達率）規制がある場合，現地での部品の調達にかかわる産業集積の度合いやサプライヤーの数や質が問題となり，それが現地生産の判断に大きく影響する．このように現地環境は，現地でのビジネス形態の選択に大きく影響することは明らかである．

　参入国と本国との間の経済的・政治的関係もまたビジネスに大きな影響を与える．二国間での経済的関係は，きわめて政治的な問題となり，両社は密接につながっている．二国間関係が，企業の国際的な行動に影響を与えるのは，逆

に企業の行動が，本国と進出先国の経済や社会に影響を与えるからである．たとえば，かつて日本企業が欧米諸国への「集中豪雨的輸出」を行ったことにより，貿易摩擦が発生し，それらの国々と日本の間の関係を悪化させた．各国政府は自国の利益を守るために日本政府との交渉を行う．その交渉の結果合意された二国間の取り決めが，企業の行動に影響を与える．乗用車メーカーがアメリカで現地生産を開始する大きな契機となったのは，アメリカとの貿易摩擦から生じた「輸出自主規制」の結果である．このように，二国間での経済・政治的関係は，ある部分，各企業の行動の総和的な結果を反映しているが，それがまた逆に企業行動に影響を与えるのである．このように，二国間での国際収支バランスはもとより，国際的な事業展開に影響を及ぼす要因としては，通商条約や投資協定の有無や内容，経済的依存関係，二国間での歴史的経緯などがある．最近では，二国間でのFTA（Free Trade Agreement：自由貿易協定）締結が進んでいるが，これらの間では，関税がゼロかもしくは低く設定されているため，その点では輸出入に対して有利な条件となる．

海外市場参入においては，これらホスト国環境はもとより，参入国との間の二国間環境がどのような形態で参入するか，そしてその形態がどのように変化するのかに大きく影響を与える．しかし，ホスト国および二国間関係についての視点は，海外事業展開初期のいわゆる国際化段階で問題となる．

2. 国際事業展開と国際経営環境

(1) 地域内ネットワーク

これまでみた参入形態は，ホーム国と進出先国との間の二国間関係が中心である．間接・直接輸出，現地生産，現地開発の各段階とも共通しているのは，ホスト国市場での市場活動に必要な機能や活動の移転であり，本国と現地国市場との間の分業関係とみることができる．しかし，海外の販売および製造，さらには開発拠点の増加は，それらの間の統合化を図る動機を与える．すなわち，拠点間でのより効率的な資源配分や製品・部品の供給の調整である．主要国市

場ごとに主要活動を有することは，現地適応性に優れる反面，企業全体としてみたときに投資および活動の重複ロスからもたらされる効率性ないし経済性の欠如につながりやすい．そこでそれらの重複ロスを避け，経済性を向上させるために各拠点間の調整が求められる．

そのひとつの方法は，地域的な「まとまり」でくくる方法である．それを促進する環境要因としては，多国間FTAに基づく地域経済圏の登場である．欧州連合（EU），北米自由貿易協定（NAFTA），アセアン自由貿易地域（AFTA）など，地域内での関税引下げ等を通じた一体的な経済圏の形成ないしそれを目指す流れである．それらの動きに合わせて，企業は域内での分業関係の構築を捉え直す考えが促進される．

このような地域内ネットワークでは，単純な現地生産ではなく，第三国生産を含めた地域内ロジスティクスが検討されることになる．第三国生産は，現地販売が主たる目的ではなく，他国市場での販売を主たる目的とした生産である．そこで生産された部品ないし製品は，他国へ輸出（本国への再輸出も含む）されることになる．もちろん，現実には，「現地生産目的＋他国への輸出」という組み合わせもありうる．第三国生産では，市場へのアクセスを含めた比較優位や国家特殊優位の分析に基づく立地国の選定が重要な問題になる．その際，輸出先国へのアクセス（港湾，航空などの整備状況から輸送コスト，輸出先国との通商上の諸関係），輸出型外資系企業への優遇策などの有無などの輸出に対する要因を踏まえて立地を絞り込み，決定することになる．

このような地域内での活動の調整の中心として期待されるのが，地域（統括）本社である．どこで何を生産するか，各拠点での生産品目の見直しなど，地域内での分業体制の構築・再構築には，現地に近い「指令塔」「調整役」の必要性は増大してきている．さらに，この段階では，製品開発や技術開発の機能も地域本社を中心にして設置され，地域向け製品の開発から地域内工場の技術支援や移転のために，その活動も活発化してくる．

(2) 統合的ネットワーク

さらに，これら地域を超えた調整を行うことによって世界的規模で統合的に事業活動を管理することにより，グローバル・ベースで，国家特殊優位，規模の経済を利用し，経済性の向上を図る企業が出現する．この場合，地域内ネットワークをベースとしながら，地域間の調整を図ることにより，緩やかな統合をはかるケースと，ダイレクトに各製品事業部がグローバル・ベースでタイトな統合を図るケースがある．それは，事業および事業内でも製品の特性（輸送コスト，関税，ニーズの異同性）によってかわってくる．いずれにしても，各国のもつ国家特殊優位性と市場へのアクセスを勘案して各活動のロケーションを検討する必要がある．さらに，研究開発機能でも，基礎研究をも含めて各研究内容に応じた研究所が設立され，調整，分担の上で，技術や製品開発に関わる研究も海外で行われる．グローバルにネットワークを形成し，それぞれの役割を分担し，調整の下に研究開発が行われる．

このような世界規模での各機能内および各機能間の分業体制の構築は，（本国も含め）拠点間の相互依存性を高め（部品・製品，技術や各種ノウハウ・知識のやり取りなど），拠点間の高い調整能力を必要とする．すなわち，個々の拠点（海外子会社のみならず本国親会社を含む）内部のマネジメントだけではなく，その拠点間のマネジメントの成否が競争力の向上にとって重要な課題となる（この問題については，第9章を参照）．

3. グローバリゼーションとローカリゼーション

(1) グローバリゼーション

経済のグローバリゼーションとは，自由経済化による経済の地球規模での一体化を意味している．このような経済のグローバリゼーションは，さまざまな制度面での統一化と並行して進展する．たとえば，日本に対してよくいわれた（批判された）非関税障壁の撤廃など，貿易などの経済活動に関する自由化，あるいは自由化に関するルールの統一化である．先ほど中国の加盟が認められ，

話題になっている WTO（世界貿易機関）はそれを推進するための国際機関である．部品や製品の規格のみならず品質管理や環境管理のシステム面での規格（標準）の国際的認証機関である ISO（国際標準化機構）も品質管理や環境マネジメントでもよく採り上げられてきており，国際会計基準や評価基準のグローバル・スタンダード化も進行している．このような制度面でのグローバリゼーションが経済のボーダレス化をもたらしているといえる．

これら制度面でのグローバリゼーションは，通信技術の発達ともあいまって，人びとの価値観や文化にも影響を与えることも考えられる．投資や貿易の自由化のみならず，あるいはそれにともなって，国境を越えた情報や人の移動をも促進していく．メディアのグローバルな重複もまた進展している．このような情報のグローバルな浸透や国境を越えた人の移動は，各国市場の同質化に向かわせる推進力となり得る．つまり，市場ニーズの異質性が少なくなり，同質性が高まる方向に作用する．このように世界市場が同質化してくるとすれば，企業は，それに対応した標準化した製品に対する巨大な地球規模の需要に応えるため，標準化した方法で提供しなければならず，世界的に標準化した製品を大量生産し，大量販売することで規模の経済を最大限に活用してコスト低下を図ることが戦略上優位になる．

このように企業に求められるのは，製品の標準化（世界共通製品の開発）とともに，グローバルな視点でどこにどのような拠点を設け，それをグローバルに統合化することによって経済効率性を高めることになる．グローバリゼーションに基づく国際経営とは，この意味から，各国の制度的・文化的差異を最小化し，最大の経済効率性を達成する経営システムの構築を目指すものといえる．

(2) ローカリゼーション

しかし，グローバリゼーションとは，その方向性を指しているものであり，それが達成されているわけではない．経済の発展段階や経済政策の相違により

開放経済への取り組みも異なっており，現実的にはまだ多くの相違が存在している．さらに，政治的，法的，経済的，社会文化的環境も国や民族によって多くの相違が認められている．もちろん，どのような制度がいいのか，というのは価値判断である．したがって，グローバリゼーションがわれわれ社会にとって本当によいことなのか，ということに関する疑問も提起される．また，国や業界によってグローバリゼーションの利益を得られる場合とそうではない場合，損害が大きい場合もある．グローバリズムに対する反グローバリズムも存在することも確かである．また，製品・サービスに対する各国市場ニーズの同質化の程度も業界や製品レベルで大きく異なっている．とくに，宗教に関わる文化の相違は大きく，文化的多様性の認識の欠如は国際戦略においてもマネジメントにおいても大きな問題をもたらしかねない．グローバリゼーションに基づく国際経営が，すべての業界で可能というわけではない．確かに，経済のグローバリゼーションによって，競争の場は地球規模に拡大しつつあるが，そこにはまだ国や地域による相違が見出され，その相違への的確な適応を図ることによってライバル会社よりも優位に立つ方法もある．現実には，グローバリゼーションの波にのらなければならないという側面と，それぞれの国や地域の相違にうまく対応していくという相反するようなことが求められているということである．

このローカリゼーションについてもう少し検討してみよう．海外での事業展開は，国内とは異なる環境で活動を展開することを意味すること，そしてその環境とは，社会，文化，経済，政治，法律，ビジネス慣習など多岐にわたるシステムで構成されていることは先述した．このような異なる環境という認識は，外部環境それ自体としての認識のみならず，企業の「内部環境要因」としても存在する．たとえば，海外子会社を設置している現地国の文化をバックグラウンドとして有している現地国の人材，あるいはまた異なる文化を有する第三国の人材を活用する場合，価値や行動様式の相違に直面することになる．それらを理解しないで現地で本国の価値観を押し付けたり，相手の文化を無視して行

動したりすることは，大きな文化摩擦を引き起こしかねない．異文化社会の理解は，多国籍企業における経営管理をより有効にするために必要とされる．このような観点から，各国あるいは各地域における経営制度や経営者，管理者および従業員の価値，態度，信念，行動様式の差異を分析し，明らかにする比較経営（comparative management / cross-cultural management）の領域が生成，発展してきた．

さらに，各国や地域による法律の相違（雇用に関わる法律の相違など）にも対応しなければならない．たとえば，アメリカでは州によって異なるが，連邦レベルでも，1964年に「公民権法タイトルⅦ」が制定され，雇用および昇進管理における不当差別の禁止が定められている．具体的には「人種，皮膚の色，性別，宗教，出身地による差別の禁止」である．またその補足として，1978年の「妊産婦差別禁止法」がある．1991年には「新公民権法」として雇用差別における陪審員裁判の請求権，原告側の立証責任の軽減，原告側勝訴の際の懲罰的賠償金導入が盛り込まれている．この公民権法以外にも，1963年の「イコール・ペイ・アクト（男女同一賃金法）」，1967年には年齢を理由に40歳以上の雇用差別を禁止した「雇用における年齢差別禁止法」が連邦レベルで制定されている．これら雇用差別禁止法の遵守状況を監視あるいは調査する機関がEEOC（雇用機会均等委員会）である．留意すべきは，多くの名だたる大手日系企業が雇用差別禁止法違反により，訴えられ，多額の賠償金を支払っているという事実である．

このように，多国籍企業とは，海外に多数の子会社を有し，それぞれの立地国で活動を展開するという側面を有しており，そこにもうひとつの問題領域が存在する．すなわち，その側面とは，海外子会社の立地国ないし地域の外部環境（政治的・法的・経済的・社会文化的・自然環境）と内部環境（文化的に多様な人材，異なるケイパビリティ）の下で事業活動を行うところにある．このような環境の異質性に着目すれば，その異質性が自社のビジネスに影響を与える場合，自社の事業活動をいかに現地環境に適応させていくかが問題となる．

以上みてきたように，複雑な国際経営環境の下で，企業が海外に活動拠点をもつようになり，国境を越えてビジネスを展開するようになると，これまでの国内を中心とした経営のあり方では対応できなくなってくる側面が出てくる．国際経営では，グローバリゼーションという用語とともに，よく「ローカリゼーション」という用語が出てくる．このローカリゼーションの必要性が叫ばれるひとつの理由は，現地環境に適合した管理の仕組みを構築する必要性があるからである．ローカリゼーションとは，現地環境への適応化や経営の現地化を意味する言葉であり，多様な側面を内包している．それを企業の遂行する機能別にみることもできれば，経営資源に着目してみることもできる．前者は，企業がホスト国で遂行する機能面からみたローカリゼーションであり，研究開発（基礎・応用・製品開発，製品企画，技術開発），調達，生産，流通，販売・マーケティング等の側面からみた各機能のホスト国への移転およびその現地環境への適応化である．後者は，それを経営資源（ヒト・モノ・カネ・情報的資源）の観点からみたものであり，企業の有する経営資源のホスト国への移転や，それら資源の現地環境への修正・適応化である．

4. 国際経営戦略と国際マネジメント

(1) 国際経営戦略の視点

　経営戦略とは，自社の保有する経営資源（ヒト，モノ，カネ，情報）と企業を取り巻く環境との適合関係の構築を図ることである．社内の資源は過去経営戦略に基づく業務遂行のプロセスで形成ないし蓄積されてきたものであり，自社固有の強みと弱みを認識し，将来指向的に環境との適切な関係を築くことに他ならない．国際経営戦略もその基本は同じである．基本戦略に対し，その応用ないし特殊的側面を加味したのが国際経営戦略である．その特殊的側面とは，第1に，国境を越えてビジネスを展開することから，企業を取り巻く環境が，現地国を含め国際経営環境となる．先にみたように，現地環境は国内環境とは大きく異なる場合が多い．また，FTAやリージョナル・ベースの自由経済圏

の形成は，企業の国際戦略に大きな影響を与える．第2に，自社の強みをどのように海外拠点へ移転するかという問題がある．買収によらずグリーンフィールド投資による子会社設立の場合には，ゼロからのスタートであり，他の拠点が有する強みを有する経営資源を移転しなければ，現地での競争力はほとんどなくなってしまう．そこでは，その強みとなる経営資源をどのように有効に移転するかというのが問題となる．とりわけ，日本企業の場合には，マニュアル化しにくい要素が強く，いわゆる「暗黙知」が多いといわれている．そのような知識やノウハウを，社会的文化的背景の異なる人びとに伝え，教え込むことは必ずしも容易ではない．さらに，この経営資源の移転で問題となるのは，そのような強みとなる経営資源がそのまま現地の環境で有効に機能するのか，という問題がある．いわゆる日本的生産方式の現地での適用問題である．そのままの形で導入が難しいとすれば，その経営資源の要素を全体の機能を失わない形で現地に合わせて修正しなければならない．

このように，国際経営戦略においても，環境と経営資源の適合化をはかるという意味では，一般的な経営戦略と同様であり，その特殊的側面を扱うものである．国際経営環境についてマクロ的考察を本章では先に行ったが，競争優位の観点から企業がもっとも注意しなければならないのが，企業（あるいは擁する事業）の属する業界構造である．これはポジショニング・アプローチとよばれる外部分析を中心とした競争戦略の基本的分析単位である．国際競争戦略においては，その業界の国際的なつながりを把握することが必要となる．業界が国や地域ごとに断片化されている状況（たとえば，ニーズや嗜好が国によってまったく異なる状況）なのか，国際的につながっており（たとえば，ニーズやウォンツの同質性が高い），国際競争上，規模の経済が重要な業界であるのか，とういうようなことである．この世界的にみた場合の業界構造の特質による競争の仕方の相違については，続く第3章の「業界特性と国際競争戦略」で解説する．経営資源の移転にかかわる問題については，第4章の「経営資源と国際競争優位」で議論することにしよう．

演・習・問・題

問1　EU，NAFTA，AFTA など，主要な域内自由貿易圏のそれぞれの特徴について調べよう．

問2　EU での統一通貨導入が，企業の域内での活動にどのような影響を与えたのか調べてみよう．

問3　「グローカル」というグローバリゼーションとローカリゼーションを組み合わせた造語がある．これがどのような意味を有するのか，考察してみよう．

《推薦図書》

1. 鈴木典比古（2000）『国際経営政治学—概念モデル分析』文眞堂
   国際関係と企業経営の分析枠組みを提示．
2. 谷地弘安（1999）『中国市場参入』千倉書房
   新興市場に特有な製販同時展開についての問題と対応を実証的に論述．
3. 高橋由明・林正樹・日高克平編著（2000）『経営管理方式の国際移転—可能性の現実的・理論的諸問題』中央大学企業研究所研究叢書
   日系企業，フランス，ドイツ企業の経営管理方式の国際移転に関する論文集．

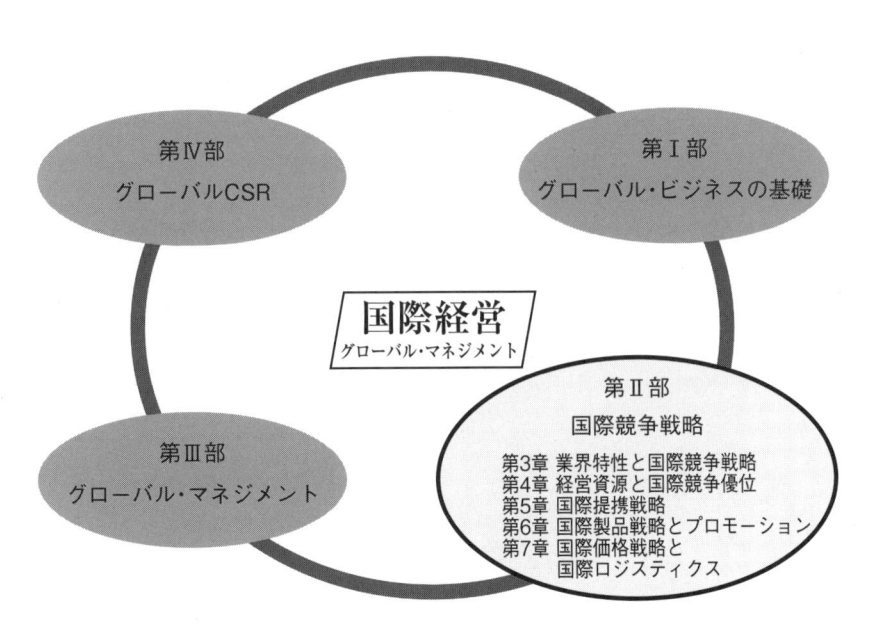

第Ⅱ部
国際競争戦略

国際経営
グローバル・マネジメント

第Ⅳ部
グローバルCSR

第Ⅰ部
グローバル・ビジネスの基礎

第Ⅲ部
グローバル・マネジメント

第Ⅱ部
国際競争戦略
第3章 業界特性と国際競争戦略
第4章 経営資源と国際競争優位
第5章 国際提携戦略
第6章 国際製品戦略とプロモーション
第7章 国際価格戦略と
　　　 国際ロジスティクス

第3章の要約

　国家による経済活動に対する規制緩和，自由化というグローバリゼーションの進展にともない，企業は国際競争の波にさらされる．国内を中心に活動を展開している企業にとってもそれは避けられない．そこでは，国内でも外国企業の市場参入により国際競争に巻き込まれるからである．また，海外市場で競争を展開する国際的企業あるいは多国籍企業は，現地企業のみならず国際的企業あるいは多国籍企業との激しい競争が展開されることになる．本章では，これら国際競争のなかでどのような基本戦略で競争に打ち勝っていくのか，業界（製品—市場）の観点（外部分析）と，自社の経営資源およびその展開能力の2つの観点（内部分析）から検討する必要がある．本章では，国際的にみた業界の特性に適した国際競争戦略とは何かを考える．ポーターによれば，業界構造は世界的にみて2つのタイプに分けることができる．すなわち，グローバル業界とマルチドメスティック業界である．しかし，現在の状況はより複雑化しており，そこで単純にグローバル業界であるのかあるいはマルチドメスティック業界であるのか，と二分することはできない業界もある．ここでは，いくつかの業界の特性を理解したうえで，国際的な競争優位の構築にはどのような処方が必要なのかを提示する．

第3章　業界特性と国際競争戦略

1. 国際競争優位と業界の特徴

　国際競争で勝ち残っていくために，ライバル会社に対してどのように有利なポイントを築いていくか，これが国際競争優位（global competitive advantage）である．経営戦略とは，環境と自社との間の望ましい関係の構築を目指すことを企図した自社の基本的方向性の設定である．どのような製品—市場で戦っていくのか（多角化あるいは撤退という事業構成についての決定），各事業分野あるいは機能分野にどのように資源を配分するのか（資源ポートフォリオ）という「企業戦略」，その中で各事業が当該製品—市場分野（ライバル会社の動向や独自に変化する技術—市場環境のなかで）どのような基本的な手段で競争を展開し，競争優位の構築を目指す「競争戦略」，その競争優位の形成のために機能別にどのように経営資源を形成ないし蓄積し，それを発揮していくのかという「機能別戦略」は，いずれも，これら企業を取り巻く環境（外部分析）と企業自身（内部分析）の長期的な適合関係をはかるものといえる．たとえば，SWOT分析は，この外部における「機会と脅威」の分析と自社内部の「強み—弱み」を組み合わせた分析である．ここでは，競争戦略に焦点を当て，国際ビジネスにおける競争優位の構築について検討する．

　一般競争戦略と同様に，国際競争戦略においても，買い手がその製品を購入したいと考える価値を創出することが競争優位につながる．すなわち，低コスト性を追及するか，あるいはコスト（価格）以外の要素で他社製品との差別化（物理的差別化，イメージ上の差別化，サービス等による差別化）を図ることによって競争優位が形成される（Porter, M. E., 1985）．あるいはその両者のバランスをとることによってもたらされる（日本のクロモノ家電（AV機器）や乗用車はこれで成功したといわれるが，ポーターによればこれはきわめてあいまいな戦略であるとされている）．これら基本戦略は国際競争においても同じである．しかし，それをどのように実現するかには，いくつかの方法がある．本

章では，外部分析として，ポーター（Porter, 1986）の議論を中心にして，国際環境において事業（製品―市場）や業界での特徴が，これらの戦い方にどのように影響を与えるのかを考えてみよう．

（1）マルチドメスティック業界

　国際的な観点から業界や製品と市場の関係をみてみると，2つのタイプに分けられる．たとえば，シャンプーや洗剤といった製品は，国によってそれほど変わらないと思われるが，実際には，国や地域によって異なる要素が多いという．洗剤は，洗濯機の普及率，冷水か温水（温水でも国によっては60℃が使用される）か，水の質（硬質か軟質か），香りの好み，仕上り感が国や地域によって異なり，それにきめ細かく対応していくことが求められるという．シャンプーに関しても，頭皮や毛髪の質などがそれに加わり市場対応が求められる．加工食品に関しても，民族による嗜好の違い，宗教上のタブーから現地適応が求められる場合が多い業界といわれている（Bartlett and Ghoshal, 1989）．このように，地域やニーズが大きく異なり，世界的共通製品では対応できない場合がある．このような業界は，マルチドメスティック業界やマルチナショナル業界とよばれる．この業界では，いかに現地に適した製品を開発し，それを現地市場に供給していくかがポイントとなる．

　このような特性を有する業界の場合，この特定国向製品に要した開発費の回収は，その国の売上に限定され，また，調達や生産面での規模の経済もその国での販売量に限定されるということになる．実際には，調達面で他の拠点（本国事業所および他の海外子会社）と共通の原材料ないし部品を用いる場合には，その活動では調整（すなわち共同購入）することによって規模の経済を目指すことが可能な側面もある．しかし，現地向けにカスタマイズする程度が大きいほど，他の拠点との共通要素は低下するため，この調整の余地は少なくなっていく．このようにみると，このマルチドメスティック業界とは，現地適応性がポイントで，規模の経済があまり有効でない業界である．マルチドメスティッ

クのマルチ（multi）は複数を意味し，ドメスティック（domestic）は国内的という意味である．すなわち，マルチドメスティック業界とは，本質的に各国の国内的な業界の単なる集合を指している．

(2) グローバル業界

　これに対し，世界共通製品（同一モデル）で各国の市場で販売・供給していくことが中心となる業界もある．電子機器業界はその代表例である．そこでは，その製品に対するニーズが国ごとに異なる度合は小さい．そのため，世界共通性の高い製品で各国の市場で競争が展開される業界である．したがって，そこでの競争においては，規模の経済がきわめて重要な優位性をもたらす業界である．たとえば，巨額な研究開発投資が必要とされる業界，生産における規模の経済がかなり効く業界にあてはまる．その巨額の研究開発投資を世界的売上で回収し，また，世界中で販売することにより，生産面での規模の経済性が発揮でき，製品単位当たりのコストの低下を期待できる．川上活動（研究開発，調達，生産）での規模の経済を発揮するには，世界的に製品の共通度が高い製品に適している．典型的には，国ごとに製品に対する要求が同質化しており，世界的に同一モデルが投入できるような業界である．

　このようなグローバル業界では，ある国や地域での売上の増減は，全体の売上の増減につながり，規模の経済性に影響を与えることになる．たとえば，ある国での売上の減少は，全体の規模の経済性に影響を与える．それは，その製品の単位当たりのコスト上昇をもたらす．その結果，同じ製品を販売している他の国での競争に影響を与えることになる．このように，グローバル業界とは，「ある国における子会社の競争上のポジションが，他の国の子会社の競争ポジションに大きく影響を与える業界」と特徴づけられる．

2. 業界特性と国際競争戦略

(1) マルチドメスティック戦略

それでは，これらの2つの業界に分類した場合に，どのような国際競争戦略のパターンがあるのかを考えてみよう．マルチドメスティック業界では，各国の製品に対するニーズが大きく異なり，そのため各国市場への現地適応が戦略要因となる．したがって，理念型（もっとも純粋にとらえたタイプ）としては，主要国市場に対し，製品開発から調達・生産・販売までの主要機能をワンセットで配置し，競争企業の打つ手や現地ニーズおよびその変化を敏感にとらえ，それに的確にしかもスピーディに応えていくことが重要となる．したがって，競争戦略の策定および実行についての決定は，現地子会社に大幅に権限委譲される．それにより現地環境変化に対する反応性を向上させる．そこでの競争優位の源泉としての差別化は，主にこの現地適応性によって実現される．このような競争優位の構築を目指す戦略は，「マルチナショナル戦略」あるいは「マルチドメスティック戦略」とよばれている．そこでは，主要国ごとに戦略が策定され，その集合体が世界戦略を形成することになる．

(2) グローバル業界での世界共通製品の投入

次に，グローバル業界における国際競争戦略をみてみよう．先にみたように，この業界では，世界的に共通性の高い製品を各国市場に投入することが可能な業界である．この業界での競争優位のポイントは，川上活動（開発・調達・生産）での規模の経済であることは先に述べた．そこでまず，この業界での国際競争戦略を理解するために，この世界共通性の高い製品を各国市場で販売することが可能なパターンを海外市場のニーズの同質性とターゲットとするセグメント（購入層）との組み合わせから考えてみよう．そうすると，3つのパターンが存在することがわかる（図表3－1）．世界的に共通性の高い製品が販売可能であるということに対して，まず考えられるのは，その製品に対するニーズ

図表３−１　世界共通製品で各国市場への投入パターン

パターン	ニーズ	セグメント
A	同一的	同一的
B	同一的	異なる
C	異なる	異なる

が，世界的に共通化していると考えられる．この場合でも２つのパターンが考えられる．第１のパターンＡは，ある国（たとえば本国国内）の市場セグメントのニーズに対応して開発した製品であるが，海外でもほぼ同様のセグメントが存在し，そのセグメントに対して販売・供給することが可能であるというパターンである．その場合，同一の製品を同一の海外セグメントに対して同一の製品ポジショニング（製品の位置づけ）で販売することが可能となる．たとえば，高級乗用車は，どの国でも高額所得者というセグメントに対して，ステイタスカーとして位置づけてその車種を販売する．第２のパターンＢは，その製品に対する同様のニーズが存在するセグメントが国により異なり，同一製品を国によって異なるセグメントに供給するというケースである．ある国では中間所得者層をターゲットとしているが，別の国では所得分布の違いから，所得の高い層をターゲットとするというように，セグメントは異なるが，同様のニーズが存在するという場合である．

このような２つのパターンは，国が異なっても同質的なニーズが存在するということを前提としている．しかし，買い手が購入したいとするその製品の価値は，ある特定のセグメントが有するニーズに限定的に対応しているとは限らない．そこで第３のパターンは，同一の製品ではあるが，国によって異なる市場セグメントで異なるニーズに対してそれを提供するという方法である．これがパターンＣである．その製品属性が満たすことのできるニーズが他の市場セグメントに存在し，そのセグメントに対して供給するという方法である．たとえば，日本ではファミリーカーとして居住性と経済性を重視する30代から40代のサラリーマン家庭というセグメントをターゲットとするが，日本人に

とっては居住性に十分ではあってもある国では体の大きさや家族人数により不十分であり，むしろ通勤や買い物のためのセカンドカーとしてのニーズが存在し，燃費のよさや維持費の安さなどの経済性を求める層をターゲットにする (Porter, 1986). この場合には，製品のポジショニングを国により変え，訴求ポイントもそれに応じて変更，さらに世界的に同一の製品でもブランド名も変更して販売する場合もある.

（3）グローバル戦略での製品差別化と低コスト性の追求

　上でみた海外市場におけるニーズとセグメントの組み合わせから，いくつかのグローバル業界での戦略パターンを理解することができる．その際，グローバル業界においては川上活動での規模の経済が競争優位の重要な源泉となりうるということを念頭に置く必要がある．パターンAの国際的に市場ニーズが同質化しており，そのニーズをターゲットするセグメントも同一であるという場合，その世界的セグメントの市場規模が川上活動で規模の経済を達成できるかどうかが問題となる．もしそのセグメントが各国に存在し，その規模が十分大きければ，川上活動での規模の経済の有効性は高まり，世界規模での低コスト性を追求することができる．しかし，世界各国でそのセグメントを合計しても規模の経済を発揮するには不十分である場合には，いくつかの選択肢から選ぶことになる．第1の選択は，規模の経済を無視することである．規模の経済がもたらす低コスト性（およびそれを反映した低価格）ではなく，価格以外の要素で差別化を図り，プレミア価格での販売を可能にし，販売単位の利益を大きくするという戦略である．基本的に世界共通の製品で高級乗用車や高級ハンドバッグなどの高級ブランド製品がこれである．この場合，物理的側面（素材・原材料，品質，デザイン，機能など），イメージ的側面（企業イメージ，ブランドイメージ），サービス（アフターサービス等）での徹底した差別化を図り，買い手がそれに対してプレミア価格を支払っても購入したいという価値を創造することに競争優位のポイントがある．

第2の選択は，規模の経済を達成するために，パターンBかパターンCの方法をとることである．すなわち，同一製品で国よって異なるセグメントをターゲットとするやり方である．その製品がその国の市場のどのセグメントで一番売れるかを考えて，製品をポジショニングする．このような努力を通じて，世界中でそのモデルの販売量を増大させ，それにより川上活動での規模の経済を達成し，低コスト性を実現する．ただし，国により製品ポジショニングを変えるため，その程度が大きいと国際的にその製品に対する世界的に統一したブランドイメージを形成することは難しくなる（Porter and Takeuchi, 1986）．このように，グローバル業界においては，世界共通製品を投入する点では同じといえるが，そこでは，差別化の追求による競争優位の構築と，低コスト性の追求による競争優位の構築という2つのタイプの戦略が存在する．

　さらに加えれば，この規模の経済を利用するという方法に，かつての日本企業の「より良いものをより安く」という「低コストでの製品差別化」という戦略がある．多くの日本企業が1970代から1980年代にかけての国際的競争優位の源泉は，この川上活動での規模の経済が大きな要因である．まず，「低コストでの製品差別化」は，先の高級乗用車のような高額の高級ブランド製品ではなく，比較的ボリューム・ゾーンである中間所得者層がその主なターゲットであった．その層では他の人よりも良いものを購入したいが，できる限り安く買いたいという，製品差別化の程度と価格との見合いで購入が決定される価格弾力性が存在する．したがって，差別化がなされているだけではなくその安さが問題となる．そこでこの「差別化と低コストの同時達成」を行う方法は，世界共通製品での差別化とその部品調達および生産面での規模の経済という組み合わせによって達成しようとしたといえる．製品差別化に必要な研究開発投資や費用を，その販売量を増やすことによって1台当たりの開発費を下げる．したがって，海外市場ではシェアが優先され，そのシェアに基づく販売量の増大により規模の経済を発揮することによって「低コストでの製品差別化」を達成する．これを日本企業は，1980年代までは，主に日本国内で集中的に研究開発，

調達,生産を行う大量生産・大量輸出,すなわち規模の経済によって実現してきた.そのため,パターンAでは規模の経済が実現できない場合には,パターンBやCをとることによって規模の経済が高まるような方法を採用したといえる.

(4) シンプル・グローバル戦略

　ここでグローバル戦略において選択すべき問題は,これら活動を国内に集中配置するのか,あるいは広く海外に分散配置するのか,という選択である(Porter, 1986).たとえば,かつての日本企業のように,海外販売・マーケティング機能以外を国内に集中配置するメリットは,①学習や経験の集中的蓄積とその利用,②集中配置した川上活動間の調整が容易であること,③収集配置した国の比較優位ないし国家特殊優位の利用,があげられる.①は,開発・調達・生産という活動において発生した知識やノウハウについて,それらを海外に分散配置した場合にはそれら知識やノウハウの海外子会社への移転という問題が出てくるが,国内に集中配置しているため活用しやすく,その移転のコストや手間はかからない.②は,製品開発―原材料・部品調達―生産という部門間でのコミュニケーションがしやすく,機能間の調整がしやすいことである.③は,たとえば,日本でいえば,多くの優秀な電子部品メーカーの存在,産業集積がなされているため,それらのサプライヤーの活用など,日本という国が有する有利な点を活用することを指している.また,これには「原産国効果」というものも含まれる.イタリア製の紳士服,フランス産のワインという,made in ～という効果である.グローバル業界において,このような川上活動をある国に集中配置し,海外市場へ輸出によってアクセスするという戦略を,ポーターは「シンプル・グローバル戦略」と名づけている.

(5) コンプレックス・グローバル戦略

　しかし,このある国に川上活動を集中配置するという方法に問題がないわけ

ではない．周知のように，日本企業が1980年代後半から急速に海外に川上活動を分散配置し始めたのは，貿易摩擦と円高である．とりわけ，円高は為替差損の発生のみならず，海外市場での価格競争力を弱める．このように，川上活動をある国に集中配置することは，国際環境の変化に脆弱な面を有している．それに対する方策として，海外へ川上活動を分散配置するという選択がある．典型的には生産拠点の海外シフトである．その分散配置に当たっては，第1に考えることは，従来の規模の経済を失わないよう，各拠点での川上活動でそれぞれ重複がないように，役割を専門化することである．つまり，重複ロスが生じないような企業内国際分業の構築である．この点で，先のマルチドメスティック戦略での企業内国際分業と大きく異なる．マルチドメスティック戦略では，主要国に開発，調達，生産，販売／マーケティングという主要機能をワンセットで配置するという地理的市場別分業である．これに対し，グローバル業界における海外分散配置のもとでの国際分業体制は，製品グレード別分業，機能別分業，工程別分業の複雑な組み合わせとなる．

　製品グレードによって分業を行うことはよくみられる．普及品（技術的に成熟化したもの）は，人件費の安い途上国で生産するが，高級品（ハイテク製品）は生産に高度な技術やスキルを必要とするため先進国で生産する，というのがこの製品グレード別分業である．機能別分業とは，研究開発，調達，生産，販売／マーケティングのように企業の有する機能を分化し，その特定の機能あるいは機能の組み合わせによって各海外子会社の役割を決めるというものである．さらに，これら機能には下位機能（sub-function）がある．たとえば，研究開発という機能は，基礎研究（たとえば，新しい物質・素材の開発），応用研究（その素材の応用可能な分野を探る），開発研究（その分野でその素材を用いて具体的に製品化していく）という下位機能から構成される．それら機能を構成する下位機能まで細分化し，機能別分業を行うこともある．また，この機能別分業で生産機能をみた場合，その製造工程に着目し，そこで工程別に分業を行うというのが工程別分業である．部品生産→半製品生産→最終組立てとい

う生産工程別に分業を行うというものである．

　以上のような分業を組み合わせ，企業内国際分業体制を構築することになるが，その際，どの国にどのような役割を果たす子会社を配置するか，という問題が出てくる．先に述べた製品グレード別分業における，普及品を途上国に，高級品を技術集積度の高い先進国に配置するというように，検討すべき要因としては，各活動の鍵となる要素とは何か，そしてその活動の遂行に適した立地国の選択である．まず，その選択要因として，ある国の有する国家特殊優位あるいは立地特殊優位を検討する必要がある．それぞれの国が経済活動上有する特徴で，その有利なポイントを明確にすることである．人件費や労働市場の特徴，科学技術の発展，産業集積，産業インフラ，外資に対する優遇措置，外国為替管理等々である．それぞれの活動の遂行で有利な国を選択する．もうひとつは，関係する他拠点へのアクセスである．これはたとえば，最終製品をどこで行うか（どの国のどの地域で）という決定は，その製品を輸出する国へのアクセスが問題となる．輸送コストおよび必要時間，関税などである．つまり，役割専門化した拠点間での部品や製品の流れ（部品・製品フロー）を考慮しなければならない．これは国際ロジスティクスの側面での検討といえよう．

　このように海外に企業活動を分散配置するという方法は，シンプル・グローバル戦略に比べ，多くの国ぐにの立地特殊優位の利用というメリットを有しているが，規模の経済の発揮のために，各拠点の役割を専門化し，さらにそれらの拠点間での部品および製品のやり取りを国際的に管理するというコストが発生する．先のシンプル・グローバル戦略（単純なグローバル戦略）に対しコンプレックス・グローバル戦略（複雑なグローバル戦略）といわれるのはこのためである．これは国際経営管理の問題であり，拠点間での活動の調整問題（各拠点がどのような役割を担うのか，そして拠点間のつながりをどのように管理するのか）がその中心的課題となる．このことに関しては，多国籍企業の分化―統合問題として第9章で扱うことにする．

3. グローカル経営

　上でみたように，国際的な業界の特徴をみると，グローバル業界とマルチドメスティック業界に分けて考えられるというのがポーターによる分析である．しかし，よくみてみると，単純にグローバル業界とマルチドメスティック業界という二分法ではとらえられない業界が存在する．グローバル業界とは，世界共通製品を世界各国市場に投入することができ，各活動を統合化することによって優位性が築ける業界である．これに対し，マルチドメスティック業界とは，主に各国の市場ニーズの相違から国別の対応が必要な業界で，統合化のメリットが少ない業界である．つまり，各活動の統合化の有効性と国別対応の必要性という2つの要因の組み合わせでとらえることができる．グローバル業界とは，統合化の有効性が高く，国別対応の必要が低いという組み合わせであり，マルチドメスティック業界とは，統合化の有効性が低く，国別対応の必要性が高いという全く逆の組み合わせである．それではここにない，統合化の有効性が低く，国別対応の必要性も低いという業界や，統合化の有効性も高く，国別対応の必要性も高い，という業界は存在しないのであろうか．さらに，マルチドメスティック業界に適合するというマルチドメスティック戦略が有効性を発揮できるのは，現実には，市場規模の大きな国においてであろう．特定モデルを開発し，その原材料・部品の調達，そしてその生産および供給に必要な投資やコストを回収できる市場規模の存在が必要となる．さらに，市場ニーズの同質性／異質性を考えた場合，国を超えたある地域内において同一製品で対応可能な場合，マルチドメスティックというよりも，マルチリージョナル（世界をいくつかの地域としてとらえる）対応がとられる．この場合，その地域内供給量の範囲内で規模の経済が実現可能となる．

　これら2つの問題を合わせて考えると，次のようなパターンが考えられる．まず，規模の経済が効果を有するが，その規模の経済を発揮するために各拠点を統合化することによるコスト低下部分よりも，輸送コストおよび関税分が大

きい場合である（先のロジスティクスの問題）．端的には，価格の割りに輸送コストが大きくかかるような製品（製品単価が安く，容積が大きく重量が重い製品）である．このような製品の場合には，グローバル統合よりも主要国ごとに配置するか，あるいは近隣諸国を含めた地域的な対応の方が経済性は高いといえる．すなわち，マルチドメスティック戦略かマルチリージョナル戦略が適しているといえる．もうひとつの組み合わせである，グローバルな統合が重要である一方，他方では国や地域別の対応も必要な業界である（Bartlett and Ghoshal, 1989；山下・高井, 1993）．たとえば，乗用車業界ではこのような相反する要求が投げかけられている業界であるといえる．乗用車生産においては，部品点数が2万点以上と多く，部品の生産および調達コストの占める割合が比較的多く，高額な耐久消費財である．しかも，小型・普通乗用車では価格競争も激しい．そのため乗用車業界では規模の経済が重要であるとされる．さらに，次世代自動車（ITS対応，燃料電池車）には多額の開発費を要する．小型・普通乗用車では差別化と低コスト性の同時追求が競争で生き残るための必要条件となる．そのため，自動車メーカー各社は国際的なM&Aや戦略提携を行う（第5章「国際提携戦略」参照）と同時に，車種間のプラットフォーム（車台）の共通化，部品の共通化を図り，規模の経済の達成を図っている．しかし他方では，アジア専用車，北米専用車，欧州専用車のように各地域で要求されるものが地域によっては大きく異なり，それにいかに対応していくかという少なくとも地域別の対応が迫られている．このように乗用車業界は，グローバルな統合による経済性の向上と地域別の対応というグローバル業界とマルチドメスティック業界のいずれか一方に明確には識別できない．グローバルな統合と現地適応という二重の要求がなされているといえる．

このように，世界的にみてグローバル業界とマルチドメスティック業界だけではなく，グローバリゼーション（グローバル統合化）とローカリゼーション（現地適応化）の両方が求められる業界が存在し，そこで必要とされる経営のあり方を「グローカル経営」とよんでいる．グローカル（glocal）とは，

globalization と localization を組み合わせた造語である．このグローカルという用語は，1980年代より企業によって用いられており，現在では欧米の文献でも用いられるようになってきている．

演・習・問・題

問1　身近な製品を取り上げ，その製品はどのような業界特性を有するのか検討してみよう．

問2　現地適応化もグローバルな統合化もあまり重要でない業界はあるだろうか．あるとすればどのような特徴をもつ業界で，その場合は国際的な配置と拠点間の調整はどのようにすればよいのか考察してみよう．

問3　具体的な企業を取り上げ，その国際的な配置がどのようになっているのかを調べてみよう．

参考文献

Bartlett, C. A. & S. Ghoshal (1989) *Managing Across Borders*, Harvard Business School Press. (吉原英樹監訳『地球市場時代の企業戦略』日本経済新聞社，1990年)

Porter, M. E. (1985) *Competitive Advantage*, The Free Press. (土岐坤ほか訳『競争優位の戦略』ダイヤモンド社，1985年)

Porter, M. E. (1986) *Competition in Global Industries*, Harvard Business School Press. (土岐坤・中辻萬治・小野寺武夫訳『グローバル企業の競争戦略』ダイヤモンド社，1989年)

根本孝編著 (2004)『グローカル経営』同文舘

山下達哉・高井透 (1993)『グローバル経営要論』同友館

《推薦図書》

1. 小田部正明，クリスチアン・ヘルセン (2001)『グローバルビジネス戦略』同文舘
   グローバル・マーケティング戦略を中心に解説．

2. 根本孝編著 (2004)『グローカル経営』同文舘
   「グローカル」をキーワードに，トピック中心に解説．

3. Porter, M. E. (1986) *Competition in Global Industries*, Harvard Business School Press. (土岐坤ほか訳『グローバル企業の競争戦略』ダイヤモンド社，1989年)
   国際的な業界構造による国際競争戦略の相違について論じた書．

第4章の要約

　第3章でみたように，国際競争優位を確立するためには，その業界の国際的な特徴を理解する必要がある．その業界において特異な活動（価値連鎖）の選択，そしてその配置や調整の仕方が国際競争優位をもたらすという，いわゆるポジショニング・アプローチの視点に立っている．しかしながら，企業の競争力の源泉は，固有の技術や知識，あるいは各種ノウハウにあり，それらがどのように形成・蓄積され，多国籍企業全体として活用するのか，という視点もまた重要となる．外部分析と内部分析のリンケージが必要となる．本章では，内部分析による競争優位の構築について，その代表的なアプローチであるRBV（Resource Based View：資源ベース論）に基づいて内部資源分析の視点を提示する．そして企業の有する経営資源に焦点を当てることの有効性を考え，どのような経営資源が競争優位に結びつくのかという一般論から出発し，多国籍企業にとっての経営資源移転の重要性，国際的な移転という現地適用可能性の問題，移転方法にかかわる問題などについて解説する．

第4章　経営資源と国際競争優位

1. 内部分析による国際競争優位

（1）経営資源と競争優位

　自社の強みとは何かを把握し，それが発揮できるような戦い方をしなければ競争に勝ち残っていくことはできない．内部分析の目的は，自社の有する経営資源を中心にその強みと弱みを分析することである．コアとなる経営資源（コア・コンピテンス）を認識し，それをシンカ（深化と進化）させ，自社の競争優位の源泉を築くことである．先の業界の分析と合わせて考えれば，その戦略を形成および実行する際に必要な能力をもたなければ，いくら優れた戦略とはいえ実行不可能な絵に描いた餅に終わる．

　それではどのような能力（経営資源）が重要となるのだろうか．まず，その資源が戦略の形成および実行において価値のあるものでなければならない．これがコアとなるコンピテンス（能力）である．次に，これが競争優位の源泉となるためには，ライバル会社が同様の資源をもっていないということが条件となる．つまり，その資源の希少性ということになる．価値があり，希少性のある資源が競争優位の源泉となる．次に，その競争優位が一時的に終わってしまうか，ある持続性を有するかは，他社がその資源を形成する時間とコストにかかってくる．たとえば，YKKはファスナーで世界のトップシェアを握っている．品質・生産性・納期に大きくかかわっているのは，そのファスナーを作る機械・設備である．この機械・設備をYKKは内製化している．しかも生産現場で発生した問題を解決したり，顧客からの要求に応えるために改善や工夫をこらしていく．このように内部で長期にわたり機械・設備に組み込んできた知識やノウハウ，これがYKKの重要な価値ある資源となる．ライバル会社は，これを手に入れることは困難である．YKKが内製化しているからである．しかも，ライバル会社が同等の機械・設備を内部開発するには多くの時間とコストを要する．YKKの機械・設備は長期にわたる改善や工夫を通じて蓄積され

た知識・ノウハウが詰まっている．他の会社が同等の機械・設備を構築するには長い年月と多くの費用を要する．このように他社が市場から購入することができず，真似をすることができない要素が多いほど，競争優位は持続する可能性が高い．これを模倣困難性という．しかし，他の企業が真似できない経営資源に基づく競争優位であっても，他の方法（他の経営資源を用いて）で同様の結果をもたらすことができるとすれば，その競争優位は持続できない．したがって，他の方法では同じ効果を達成できない経営資源がその持続性に影響を与える．このように，競争優位をもたらす経営資源の属性は，その経営資源の「価値」と「稀少性」であり，その競争優位が持続する条件は，「模倣困難性」と「代替困難性」ということになる（Barney, J. B., 2002）．このような企業の保有する経営資源に基づく競争優位へのアプローチ方法は，資源ベース論（RBV：resource based view）とよばれている．

(2) 競争優位の源泉となる経営資源の企業内国際移転

　この資源ベース論から多国籍企業の競争優位を検討してみよう．多国籍企業とは，海外に現地法人を有する国際的企業グループである．簡単にいえば，海外に子会社を有している企業である．その子会社を買収によって設立する場合には，その買収以前に形成，蓄積された経営資源を利用して事業活動を行うことは可能である．しかし，グリーンフィールド投資による子会社設立，すなわち新規に子会社を海外に設立する場合，ゼロからのスタートとなる．その海外子会社がビジネス活動を行うには，必要な資源を獲得しなければならない．国内での既存事業を海外で展開する場合には，その競争優位の源泉となる経営資源は，多くの場合，本国の本社（事業部）が保有している．そこで，そのような経営資源の海外子会社への移転が必要となる．たとえば，高品質で低価格を競争優位としている乗用車メーカーが，アメリカでの現地生産を子会社の新設によって開始しようとする場合，日本での生産活動を中心として形成・蓄積されたその競争優位の源泉となっている経営資源（たとえば，生産システム，品

質管理の知識やノウハウ)を移転する．そうしないと，アメリカ現地生産の品質や生産コストで問題が生じ，現地生産車は評判が悪くなり，販売不振に陥ってしまうだろう．かといって，子会社がゼロからそのような経営資源を開発するには，多くの時間と費用を要する．現地での競争に勝つためには，日本で生産した車と同等の品質，コストを達成しなければならない．そのためには，本国本社が保有している経営資源の移転が不可欠となる．このように，競争優位の源泉となる経営資源の海外子会社への移転が，多国籍企業グループ全体としての競争優位を維持するために必要となってくる．

2. 経営資源移転の戦略的有効性

(1) 経営資源の有効性と適用可能性

　第1の経営資源の現地での有効性は，その経営資源の「価値」にかかわっている．経営資源の価値は，先にみたように戦略の形成および実行において有効性の高い経営資源である．その経営資源が戦略の形成および実行で有効性が高いかどうかは，その事業を取り巻く環境との適合性によって決まる．つまり，稀少性が高く，模倣困難で，代替困難な資源を有しているとしても，その戦略自体が事業環境に対し不適切である場合にはその戦略自体の有効性は低い．経営戦略が，自社内部の経営資源と環境との適合的関係の構築を目指すものであるので，価値ある資源とは事業環境によって異なる．ある国の事業環境では有効な戦略であっても他の国でその事業環境が異なれば，そこでとるべき戦略は異なり，その戦略の形成と実行で有効性の高い経営資源は異なる可能性がある．第5章で述べたようなマルチドメスティック業界では，国によって競争戦略が大きく異なり，その戦略の形成・実行にとって価値ある経営資源は異なる可能性がある．もし，その経営資源の現地での戦略的有効性が低い場合には，他の代替方法（代替資源）の利用や開発の検討が必要となる．

　さらに，移転する経営資源の有効性にかかわる問題として，その経営資源の適用可能性という問題がある．これは「適用―適応」問題とよばれる（安保ほ

か，1991)．ある経営資源をその資源の現地での有効性の点からある海外子会社に移転する必要性が高いとしても，その経営資源が異なる現地環境の下でそのままの形で導入できるかという問題である．たとえば，ある企業で現場主義的な小集団活動が品質面やコスト面での維持や向上，さらには人材の育成に寄与しており，この小集団活動の運営のノウハウが重要な経営資源であるとしよう．海外に工場を設立する際にも，品質面での維持および向上のために必要性が高いと認識されると，この小集団活動の運営に関するノウハウや知識の移転が検討されることになる．しかしここで問題が発生する．この小集団活動そのものが現地の環境で実行可能かどうかという問題である．歴史的・文化的背景や勤労観や企業観，それらに基づく人事慣行や労使関係の面で日本とは異なる国々でこの小集団活動がそのままの形で受け入れられるだろうか．しかも，この小集団活動の有効性を高めるには，他の要因が関係してくる．そのひとつが多能工化した従業員の存在である．多能工とは複数の職務（たとえば，複数の生産工程）をこなせる能力を身につけたワーカーを指している．この多能工の存在により，以前担当していた職務（工程）で提起された改善について評価できるだけではなく，ある工程での手直しが他の工程にどのように影響するのかについても理解できる．つまり，多能工化するほど職場全体（あるいは工程全体）からみてその改善の有効性が評価でき，多能工の存在が小集団活動の有効性を高めている．そしてこの工場のワーカーたちの多能工を可能にしているのは配置転換（ジョブ・ローテーション）である．さらにまた，この配置転換を可能にしているのは，細分化された職務に対応するような職務給をとらず，配置転換しても安定的な給与を得ることができるような給与体系である．また，協調的な労使関係もこのジョブ・ローテーションを可能にしている．しかし，職務が細分化され，職務分析と職務評価により給与が明確に決まってくるような給与制度の下では，集団として改善案を考え出し，それを集団として提案するという方法はそもそも受け入れられにくく，その有効性を高めるために必要な多能工化を育成していくことは細分化された職務給の下では困難であり，ま

た，敵対的な労使関係のもとでは，そのような職務の不安定さを生み出すやり方は労働強化につながるとして労働組合も認めがたい．

このように，ある経営資源の移転を考える際には，その経営資源（たとえば，小集団活動という品質改善方法）自体の現地での適用可能性と，その経営資源の有効性に関係している他の経営資源（ジョブ・ローテーションを通じた人材育成方法）の現地での適用可能性の両方を検討する必要がある．その際，重要なのは，競争優位の源泉となる経営資源がどのような要素で構成され，結びついているのかを把握することである．一見すると，重要なコアとなる経営資源とはみえず，周辺的であると思われる経営資源でもコア資源と結びついている場合があるからである．

ある経営資源の現地での適用可能性に問題がある場合には，現地環境の要因を可能な範囲で操作するという方法がある．たとえば，先の例で話をすると，職務・職種給が中心であるアメリカにおいて，ある範囲で多能工化を可能にするために，単一職務給ではなく，範囲職務給を採用し，しかもその範囲を広げるというブロード・バンディングである．細かな職種・職務ごとに基本給を定めるのではなく，その範囲を大括りにしてその範囲内でジョブ・ローテーションを可能にするという方法である．これは日本での方法を修正しつつも（配置転換をある範囲に限定する），現地の慣行を受け入れられる範囲で修正し，適用可能性を図るというものである．もうひとつの方法は，現地で受け入れられている代替的な方法を見出すことである．たとえば，改善における小集団活動ではなく，個人ベースの提案制度でそれを代替するというやり方である．この場合，経営資源の要素間のつながりにおいて全体としてそれがうまく機能するのかを検討することは重要である．これらのことから，戦略的有効性にかかわる当該経営資源の現地適用可能性として，その経営資源を構成する個々の要素がそのままの形で持ち込めるのか，持ち込めないとすれば現地要因を操作することによってそれが可能になるのか，あるいは経営資源を現地環境に適合するためにどのような修正が必要なのか，あるいはまた別の代替的方法が必要なの

か，これらを判断することである．それと同時に，それら個々の要素がうまくつながり，全体として機能するのかをさらに検討する必要がある．

（2）新たな経営資源の創出と企業内移転

次に，競争優位の源泉となりうる経営資源は，どこで形成・蓄積されるのかにかかわる問題である．本国で形成された経営資源を海外子会社へ移転するというのが伝統的な考え方であった．本国本社（事業部）が国内の事業活動を通じて形成・蓄積した経営資源が中心で，本社から海外子会社へという経営資源移転の方向性である．これは，企業の多国籍化の初期にみられる一般的パターンであるといえる．ところが，海外での事業展開で歴史を有する企業は，成長し経営資源を相当程度蓄積している子会社を有する場合もある．ここに多国籍企業の経営資源の形成・蓄積に関する大きなその優位性がある．多国籍企業は，

図表4－1　知識移転の方向

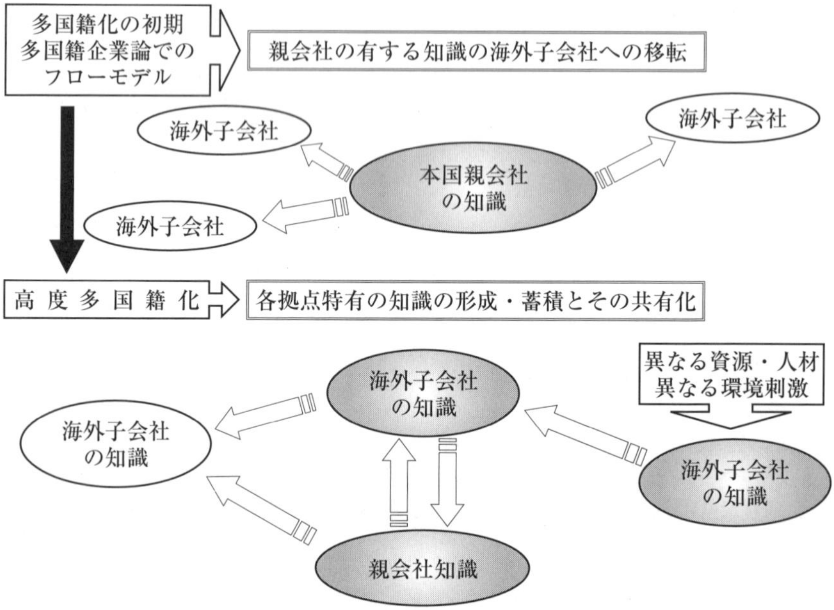

自社の海外子会社を通じてさまざまな国で事業活動を行う．そこでは国内とは異なる環境からの刺激（現地でのクレーム内容や顧客の要求など）を受ける．そしてそれにどのように反応するかという点で，国内とは異なる発想を有する（問題発見やその解釈，問題解決へのアプローチが異なる）人材を活用する機会に恵まれている（Bartlett and Ghoshal, 1989）．すなわち，海外子会社は新たな経営資源の形成・蓄積にとっても重要な役割を果たす可能性がある．また，買収によって獲得した海外子会社は，独自の経営資源を有している．このように，価値ある資源が海外子会社で形成され，それが本社および他の海外子会社へ移転するという本社への逆移転や水平的移転という方向性が出てくる（図表4－1）．ここでの発想は，本社のみならず海外子会社での価値ある経営資源の創出とともに，それら経営資源を必要な各拠点で共有化することによって，企業全体の競争優位の向上に結びつけるというものである．

3.　経営資源の特性と企業内国際移転

(1) 経営資源における知識特性

第3に検討すべきことは，どのようにして経営資源を移転するのか，という問題である．たとえば，機械・設備にパッケージ化されているような経営資源（機械という物的資源とそれに含まれる知識やノウハウ）は，そのものを移転すれば良いことになる（Badaracco, J. L. Jr., 1990）．しかし，現実には，それら機械・設備に対して人間がどのようにかかわるのかという問題がある．たとえば，ヒューマンウェアという概念がある（島田，1988）．機械というハードウェア，それをプログラミングするソフトウェアのみならず，その機械と人間とのかかわり合い（ヒューマンウェア）が品質や生産性に大きく影響を与えるという．日本の工場での現場主義に基づくエンジニアとワーカーの人たちの協力的な問題解決方法などがそれである．このような風土や企業文化に根ざすものは，単にやり方だけでは十分には機能せず，考え方や経営思想を現地の従業員が理解する必要がある．さらに，先のYKKの例であげたように，その機械・設備

そのものは物的資源であるが,どのように改善・工夫をしてきたのか,どのように機械の性能をアップグレードしてきたのかというその背後にある技術や知識・ノウハウが競争優位の源泉となる.このように,経営資源でもとりわけ物的資源の背後にある技術や知識・ノウハウの移転が重要となる.ここでは,この技術や知識・ノウハウを「知識」と一括し,知識移転として経営資源の移転問題を考えてみよう.

　知識移転を考える場合に,知識の特性によって移転の困難さが異なるであろうか.たとえば,上でみたように,企業文化や目にみえない技術や知識,ノウハウ等が持続的競争優位の源泉となりえる.このような経営資源は,「無形資産」や「見えざる資産」とよばれている.このような経営思想にまで根ざしている知識は,その深さがかなりあるということになる.ここから,移転する知識の特性として,知識の「深さ」があげられる.この深さを有する知識ほど移転するのは難しく,時間とコストを要する可能性が高い.次に,知識の「高さ」という問題がある.その知識がどの程度高度な専門知識であるかという点である.理解するのに高度な専門知識を必要とするほど,移転先でもそれを理解するのに十分な高度な専門知識を有する人材が必要となる.さらに,その知識の「幅」があるだろう.たとえば,製品開発に必要な知識が,開発分野のみならず,マーケティング,調達や生産にも関係する場合,それらに関係する幅広い知識が必要となる.そのような幅広い知識が必要で,しかもそれらの知識が複雑に絡み合っているほど,それを理解し,身につけるには時間がかかる.つまり,知識の「複雑性」がある.しかも,知識が複雑に絡み合っており,それら知識間の関係や成果との関係があいまいであると,それを理解するのは難しく,移転は困難になる.これを「因果曖昧性」という.

　また,知識の暗黙性の程度もまた移転の困難さに関係してくる.知識・ノウハウが全て文書化され,明示化できるとは限らない.経験に基づく勘やコツといったものはなかなかデータや文書,図式等で表すことは難しい.このようなデータや文書で示すことが困難な知識を「暗黙知」,文書化(たとえばマニュ

アル化)可能な知識を「形式知」という(野中・竹内,1996).知識には言葉・文書等により伝えられる形式知的部分が多く占めるものと,暗黙知が大きいものがある.暗黙知的な部分が多い(あるいは中核を占める)場合ほど,言葉で表現することが難しいため,その知識を他者に伝えることは困難になる.

　さらに,その知識の形成における状況要因もまた移転の困難性に関係している.たとえば,あるセット・メーカー(完成品組み立てメーカー:A社)が,製品の開発・部品調達・生産において競争優位につながるような協力関係をあるサプライヤー(部品メーカー:B社)とある国で構築しているとしよう.そこでの競争優位の源泉となる経営資源は,その関係で生み出された製品アイデアや技術などの新たな知識である.しかし,その関係をうまく構築し,成果を高める仕組みもまた競争優位を高める知識といえる.競争優位の源泉となりうる企業の能力(ability)は,経営資源(resource)とその資源をうまく組み合わせたり,活用したりするためのケイパビリティ(capability)から構成される.上の例では,A社とB社の関係から生み出されたアイデアや技術は経営資源としての知識である.それに対し,両社の関係をどのように構築するかというのは,それぞれの企業の有する経営資源をうまく用いるためのケイパビリティである.前者のアウトプットとしての経営資源(生み出されたアイデアや技術)は,先に述べた戦略的有効性からその移転可能性が検討される.後者のケイパビリティもまた,他の拠点での戦略的有効性の観点からその移転可能性が検討されるが,そのケイパビリティが,ある国でのA社とB社との特殊な関係に基づいているという点が特徴である.つまり,その特殊な関係をどのように作り上げたかというケイパビリティを他の国で他の企業と構築することは,その関係が特殊であればあるほど時間とコストを要する.それは,B社の経営資源のあり方と,そのB社との取引を通じて培ってきた技術者の交流の仕方や信頼関係の構築の仕方などが複雑に関係しているからである.このようなA社とB社の特殊な関係性が両社の経営資源の活用にかかわるケイパビリティに大きく影響している場合,同じような関係性を他の拠点で他の企業と構築し

ようとしても直ちにできるわけではない.このようなA社とB社の特殊な関係から形成される資産を「関係特殊資産」といい,それは両社のコンテクストにおいて発生することから「コンテクスト特殊資産」ともいわれる.このコンテクスト特殊資産(知識)の発生が,特定の相手との関係状況(コンテクスト:状況)に依存するため,このような知識は,コンテクスト依存的な知識といえる.このように,知識の「深さ」「高さ」「幅」「複雑性」「因果曖昧性」「暗黙性」「コンテクスト依存性」の程度がその企業内移転の困難さにかかわる要因としてとらえることができる.

(2) 知識移転の方法

 このような特性を有する経営資源の企業内国際移転では,経営資源の受け手となる子会社側の要因も検討しなければならない.たとえば,途上国でグリーンフィールド投資によって生産子会社を設立した場合,最初から高度な技術や知識・ノウハウを移転し,それを実行していくことが困難な場合が多い.これは受け手側の「吸収能力」の問題である.吸収能力とはある技術や知識を理解し,それを消化し,実行する能力を指している.ある技術や知識を理解するために必要な関連知識を有していないのに,深くて複雑な知識を移転することは困難である.ここで技術や知識移転での段階論的なアプローチが出てくる.まず,簡単なことから始め,徐々に高度で複雑なものへと移行するという考え方である.

 もうひとつは,暗黙知の移転である.これは,データや文書での表現では伝えるのに不十分,あるいはデータや文書で示すのは困難な知識であるため,移転するのが困難である.これに対する方法として,第1には,今まで暗黙知と思われてきた知識をできる限り形式知化することである.熟練者の行為の観察や動作の分析により,これをデータやマニュアルで示していくことである.第2には,暗黙知は,ヒトに体現化しており,それを伝えるためには,その知識・ノウハウを有する人材と教え込む人材に直接指導することである.言葉や

文書では伝えられない部分を実際に行ってみせ，それを伝えていく．そのためには，海外子会社から本国工場へ研修派遣したり，あるいはその海外子会社へ熟練者を派遣し，現地で実地指導を行うOJTといったような「共同体験の場」が必要となる．国際的なプロジェクト・チームや研修などもこれら共同体験の場を提供するには役立つ．日本企業が海外子会社への派遣者が多いというひとつの理由は，日本企業では，知識においても暗黙知的な部分が多く，その移転の必要性が高いと判断されることである．

4. 内部資源の限界

　企業の有する価値ある経営資源は，競争優位の源泉となりうる．しかしながら，企業の有する経営資源の価値は，企業を取り巻く環境の変化によってその価値を失ってしまう場合がある．たとえば，ソニーは，トリニトロン技術というブラウン管モニターではきわめて高い技術を有し，それがソニーのカラーテレビでの強みであった．しかしながら，その市場でのPDP（プラズマ・ディスプレイ・パネル）や液晶などの薄型テレビへの急速な移行は，その経営資源の価値を喪失させた．すなわち，経営資源の価値を決めるのは，外部環境との関連である．大きく変化する環境にその身を置く企業は，絶えず新しい経営資源を形成しなければならないという環境からの要請に応えなければならない．そのためには，内部で開発すというのがひとつの選択肢であるが，多様化し常に進歩する技術を自己開発していくには限界が生じる．そのような業界では，必要な経営資源を有する企業を買収したり，他企業，大学や外部研究機関などと提携するという外部資源の活用ないし獲得が活発化してくる．グローバリゼーションの進展とともに，市場が地球規模化してきている現状において，海外事業展開をすべて自前で行うのか，あるいは，他の企業の経営資源を活用するのかという選択肢がある．そこで，次の第5章では，外部資源の活用ないし獲得という視点から，国際事業展開に主に焦点を当てて考察する．

演・習・問・題

問1 日本企業（組み立てメーカー）が海外生産工場の設立に当たり，関係協力会社（サプライヤー）の進出を要請するのはなぜか．QCD（品質，コスト，納期）のみならず関係特殊資産の点から検討してみよう．

問2 海外移転にともないOJTが必要とされるのはどのような場合であろうか．

問3 海外子会社への技術移転には，その移転に際して低いレベルから始まって高いレベルの技術へと段階があるのだろうか．あるとすればどのように進むのだろうか．

参考文献

Badaracco, J. L. Jr. (1990) *The Knowledge Link*, Harvard Business School Press.（中村元一・黒田哲彦訳『知識の連鎖』ダイヤモンド社，1991年）

Barney, J. B. (2002) *Gaining and Sustaining Competitive Advantage*, 2nd ed., Prentice Hall.（岡田正大訳『企業戦略論（上）』ダイヤモンド社，2003年）

Bartlett, C. A. and S. Ghoshal (1989) Managing Across Borders.（吉原英樹監訳『地球市場時代の企業戦略』日本経済新聞社，1990年）

安保哲夫・板垣博・上山邦雄・河村哲二・公文溥（1991）『アメリカに生きる日本的生産システム』東洋経済新報社

板垣博（1997）『日本的経営・生産システムと東アジア』ミネルヴァ書房

野中郁次郎・竹内弘高（1996）『知識創造企業』東洋経済新報社

島田晴雄（1988）『ヒューマンウェアの経済学：アメリカの中の日本企業』岩波書店

《推薦図書》

1. Bartlett, C. A. and S. Ghoshal (1995) *Transnational Management*, Times Mirror Higher Education Group, Inc.（梅津祐良訳『MBAのグローバル経営』日本能率協会マネジメントセンター，1998年）
   トランスナショナル企業概念で語られる国際経営の代表的モデルを提唱．

2. 安保哲夫・板垣博・上山邦雄・河村哲二・公文溥（1991）『アメリカに生きる日本的生産システム』東洋経済新報社
   日本的生産システムの企業内海外移転での適用―適応問題の実証的研究．

3. Barney, J. B. (2002) *Gaining and Sustaining Competitive Advantage*, 2nd ed., Prentice Hall.（岡田正大訳『企業戦略論（上）（中）（下）』ダイヤモンド社，2003年）
   経営資源の模倣困難性から持続的競争優位の構築を論述．

第5章の要約

　この章では，近年注目を集めている提携について海外事業展開との関連を中心に考察する．ここで具体的な対象とするのは，第1章で述べた「資本支出をともなわない契約」および資本支出をともなうものとしての合弁事業および資本参加である．グローバリゼーションの進展によって企業の戦う場である市場は地球規模にまで拡大しつつある．その広大な市場で単独で戦うのか，あるいは他の企業と手を結び，共闘するのか．提携とは，部分的にせよ他の企業と手を結ぶという戦略選択である．まず，なぜ，国際提携が多くの企業間で結ばれるようになってきているのか，その背景について解説する．次に，提携それ自体にはどのようなタイプがあるのか，とりわけ戦略提携とはなにかについて検討する．最後に，これらをベースにして，国際提携を利用する海外事業展開のパターンについて説明する．これらの検討を通じて，本章では，自社内部の資源と他社資源の活用と獲得の重要性を示し，自社の資源やケイパビリティをどのように再構築あるいは組み替えていくのか，さらにはそこでの問題点について理解を深めることを目的としている．

第5章　国際提携戦略

1. 国際提携の背景

　国際提携それ自体は，古くから存在し，それほど新しいものではない．第2章で述べたような契約に基づく参入形態として活用されてきた．しかし，1980年代以降，その性質が異なってきたことが指摘されている．従来は，外資規制がある場合や海外事業展開の初期や周辺ビジネスにおけるリスクの少ない方法としてとらえられてきた．たとえば，合弁事業形態は，本来単独出資の完全所有子会社が望ましいが，その国に外資規制が存在する場合に用いられるセカンドベストの方法とみなされていた．それが現在では，提携による外部資源の活用が，しかも中核となるビジネス分野において戦略的に重要な選択肢のひとつとなってきている．このような変化が起こってきたのはなぜか．この点にまず着目しよう．その要因としては，(1) メガ・コンペティション，(2) 価格競争の激化，(3) デファクトスタンダードの獲得，(4) 製品ライフサイクルの短縮化とスピードの経済，(5) 複合的製品技術，(6) 製品開発費の巨額化（図表5

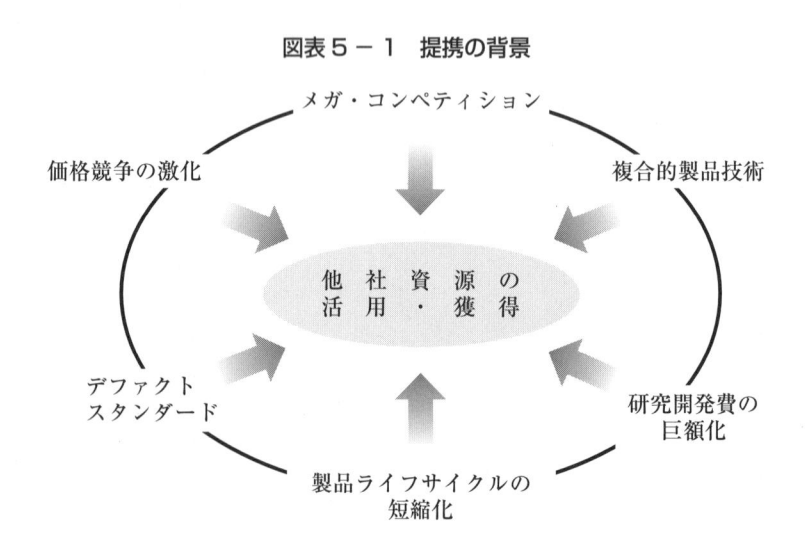

図表5－1　提携の背景

　　　　　　　　　メガ・コンペティション

価格競争の激化　　　　　　　　　　　複合的製品技術

　　　　　　　　他社資源の
　　　　　　　　活用・獲得

デファクト　　　　　　　　　　　　　研究開発費の
スタンダード　　　　　　　　　　　　巨額化

　　　　　　　製品ライフサイクルの
　　　　　　　　　短縮化

- 1) 的があげられる.

(1) メガ・コンペティションと価格競争の激化

　現在の企業競争は，メガ・コンペティション（大競争）といわれる．このメガ・コンペティションは，経済のグローバリゼーションのひとつの帰結である．経済のグローバリゼーションとは，世界各国での開放経済化，規制緩和という経済自由化政策により促進される経済のボーダレス化である．経済自由化により企業の海外投資や貿易を促進し，経済が，国家単位から地球規模に広がる現象を指している．それに関わる要因として大きいのは，1980年代の旧社会主義国の自由主義国家への転換や中国やベトナムなどに見られるような市場経済の導入である．このことは，グローバリゼーションを促進し，まさに競争の場を世界中に広げ，地球規模での競争になったといえる．とりわけ，旧社会主義国は教育の水準も比較的高い一方で，人件費の安さから生産拠点としての魅力度も高く，経済発展とともに市場としての魅力度も高まってきている．もちろん，これは外国企業にとっての魅力であるが，他方，現地資本の企業も急速に力をつけつつある．周知のように，中国の家電メーカーは，その国際競争力を飛躍的に高めており，日本の家電メーカーを完全に脅かす存在となっている．
　これらグローバリゼーションの結果として，競争の場がまさに地球規模となり，世界の各市場での競争が余儀なくされる．かつてのように，日米欧の3極でのプレゼンスが重要とされた時代ではなく，世界中での競争を打ち勝つことが必要とされているのである．つまり，競争の場が拡大したことが競争の激化をもたらしている．さらに，従来の先進諸国間の競争のみならず，途上国企業を含めた熾烈な競争の時代に入ったことを意味する．メガ・コンペティションとは，国家により保護された市場が減少し，自由競争が展開され，地理的な競争の場の拡大と，新たなライバル会社の登場による熾烈な競争，すなわち「大競争」を意味している．この大競争の中で勝ち残っていくためには，地理的な市場をカバーするための販売関連投資や生産投資を必要とする．しかしながら，

1社でこれら地理的市場をカバーするために投資を行うには相当な財務的体力を必要とし，また固定費部分が増大することからも経営を圧迫することになる．したがって，世界展開を図る方法として同業他社と戦略的パートナーシップを結ぶ方法が模索される．たとえば，ルノーと日産は，資本提携により，ヨーロッパと南米に多いルノーの拠点とアジア，北米の日産が有する拠点の相互利用（地理的相互補完）によりグローバルな市場対応の体制を形として整えることができた．

　また，先進諸国企業をキャッチアップしようと力をつけた途上国企業の台頭にともない，その人件費の安さから多くの業界で価格競争が激化した．そのため，日本企業も周辺事業や周辺製品から撤退したり，あるいは自社生産を止めたりするというリストラクチャリング，「選択と集中」が加速された．それを進めていくために，他社へのアウトソーシングが加速化し，提携関係が多く結ばれるようになった．

(2) 複合的要素技術開発と製品開発費の巨額化とスピードの経済

　メガ・コンペティションの結果，とりわけ先進諸国企業は，人件費の安い国に生産拠点をシフトするとともに，途上国の低価格製品に対抗するために，新技術の開発および製品開発が求められてきた．差別化による競争優位の獲得である．しかし，そのようなハイテク製品は多くの要素技術から構成されており，新製品の開発には多様な技術の開発が必要とされる．それとともに研究開発費は巨額化してくる．しかも，エレクトロニクス製品にみられるように，その製品のライフサイクルは短く，次つぎと新しいモデルの開発および技術開発が要請される．そして開発した技術もデファクトスタンダード（事実上の業界規格）を獲得しなければ利益に結びつかないことが多々生じる．

　これらのことから，エレクトロニクス業界を中心に，自社ですべての要素技術の開発を行い，製品化を目指すというよりも，他社と組むことによって製品開発・技術開発に要する研究費を圧縮するとともに，各社が特異な技術を用い

ることにより製品開発をスピードアップし，いち早く市場に投入する．そのことによって市場機会をとらえ，先行者利益を得るとともに，デファクトスタンダードの獲得を目指す．このデファクトスタンダードは，その業界において大勢を占めるようになった事実上の標準規格であるため，他社と組むことによる当該技術製品の市場占有率のアップを企図する．また，その製品に対する補完製品（たとえば，ハードに対するソフト供給企業）がその製品規格の普及にとって鍵となる場合には，それら企業との提携，あるいは支持を取り付けることが重要となる．これら同業種あるいは異業種との提携あるいは同盟関係を構築することにより，競争優位の獲得を目指すという動機が，とりわけ先進諸国企業間での提携の大きな特徴となっている．

2. 提携のタイプ

現在，提携は外部資源の利用する主要な方法となっている．同じ外部資源を利用する方法としてM&Aがあるが，これは外部組織の内部化としてとらえられ，ここでは対象としない．また，国際提携は，提携関係が国境を越えてなされているかどうかによる分類であるが，まず，ここでは提携の一般的側面についてみることにする．

提携には，多様なタイプが存在し，どのような視点からみるかによってさまざまに類型化できる．たとえば，資本支出の有無から分類することができる．資本支出をともなうよりタイトな提携から，それをともなわない緩やかな提携がある．またその対象をどのような業務とするかによっても分けることができる（図表5-2）．それらの組み合わせによって多様なタイプが存在する．たとえば，合弁事業は，資本支出をともなう共同事業契約である．その際，その合弁事業に対しライセンシング（技術供与）契約を片側の出資会社が結ぶという場合もある．この場合，合弁事業という提携に技術提携を含めて実施されることになる．なお，包括提携とは，業務提携のすべてを対象としたものをいう．

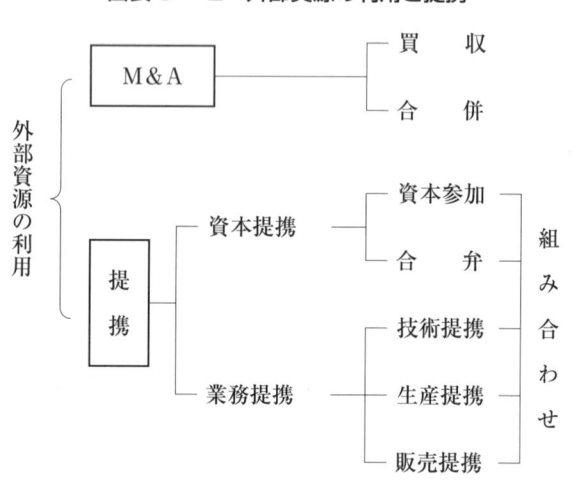

図表5－2　外部資源の利用と提携

```
                    ┌─ 買　　収
          ┌ M&A ──┤
          │        └─ 合　　併
          │
外部資源の │        ┌ 資本提携 ──┬─ 資本参加 ─┐
利用      ─┤        │             └─ 合　　弁 ─┤ 組
          │        │                           │ み
          └ 提携 ──┤                           │ 合
                   │             ┌─ 技術提携 ─┤ わ
                   └ 業務提携 ──┼─ 生産提携 ─┤ せ
                                 └─ 販売提携 ─┘
```

　提携は，その機能的な連結パターンによっても分類できる．たとえば，共同で物流を行う（たとえば合弁で物流会社を設立する）という提携（他には共同開発や共同生産など）は，その機能を少なくとも一部共有するということで，「共有型」といえる．それに対し，A社が調達，製造を担当し，B社が販売を担当するというような場合は「機能的相互補完型」といえる（山下・高井，1993）．

　もうひとつの分類は，その提携が戦略的なものか，あるいは戦術的なものかによる分類である．とくに近年では戦略提携がクローズアップされている．それでは戦略性の高い提携とは何かを考えてみよう．経営戦略とは，企業を取り巻く環境（変化）と企業自身の有利な適合関係を構築するための意思決定である．将来志向的に，どのような事業分野でどの範囲まで（水平的および垂直的業務範囲）自社で行い，その分野でどのような競争優位を築こうとするのかが経営戦略の本質である．したがって，戦略性の高い提携とは，当該企業にとってのコアとなるビジネスおよびそこでの中核的な業務分野での提携を指す（高井，2001）．すなわち，企業の将来のビジネス全体構造に大きく影響を与えたり，

図表５－３　戦略提携のパターン

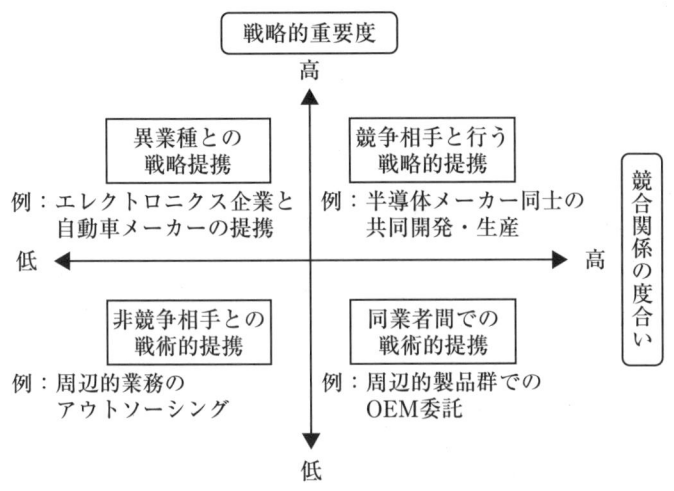

```
                         戦略的重要度
                            ↑
                            高
        ┌──────────────┐    ┌──────────────┐
        │ 異業種との    │    │ 競争相手と行う │
        │ 戦略提携      │    │ 戦略的提携    │
        └──────────────┘    └──────────────┘
      例：エレクトロニクス企業と  例：半導体メーカー同士の
         自動車メーカーの提携       共同開発・生産
  低 ←─────────────────────────────────────→ 高   競合関係の度合い
        ┌──────────────┐    ┌──────────────┐
        │ 非競争相手との │    │ 同業者間での  │
        │ 戦術的提携    │    │ 戦術的提携    │
        └──────────────┘    └──────────────┘
      例：周辺的業務の         例：周辺的製品群での
         アウトソーシング        OEM委託
                            低
                            ↓
```

出所）高井透（2001：119）に加筆

事業の競争優位の構築につながる戦略性の高い提携を指している．もちろん，周辺分野を外部化する（他企業に委託する）という決定は，先の定義からきわめて戦略性の高いものとなるが，どこと組むのかというのは周辺的であればあるほど戦略性も重要な意思決定とはならず，その意味で戦術的決定（戦術的提携）となる．それに対し，コアビジネスでの将来を左右するような提携は，どこと組むのかは戦略的に重要であり，その意味で戦略的提携ということができる（図表５－３）．

3. 海外事業展開と国際提携

　企業の海外事業展開における国際提携の役割について考えてみよう．ここでは，他企業と国際提携を結ぶ目的ないし動機から分類してみる．まず，自社の保有する内部資源と企業環境との適合関係を図ることが経営戦略であり，その一環として海外事業展開を考えるならば，第１には，提携パートナーに何を期待するかという，提携目的がある．この提携目的をここでは２つに大別してい

る．まず考えられるのは，提携先パートナーが有する経営資源の「活用」という目的である．これは海外事業展開でのオペレーション上の課題から，その解決のために結ばれるパターンである．活用とは，パートナーの有する知識やノウハウの獲得ではなく，相手の有する有形および無形の資産を用いることであり，海外事業展開をより容易にするというのがその目的となる．したがって，パートナーとの関係は，事業展開上の補完的関係となる．これに対し，「学習」とはパートナーの有する知識やノウハウの吸収・獲得を意味している．海外事業展開に必要な知識・ノウハウの吸収やグローバル事業に必要なコアとなる資源の獲得などがこれに含まれる．もちろん，この場合，焦点を当てている企業と提携相手先企業の目的ないし動機は必ずしも一致しているわけではない．A社とB社がある提携を結んでいても，A社は，現地市場参入のためにB社の流通網を活用したいという目的であるのに対して，B社の提携目的は，Aの有する生産技術であるということは多々見受けられるケースである．第2は，その提携関係が地理的にかなり限定されているのか（ある1ヵ国），あるいはかなり広い範囲にわたっているのかという提携の地理的範囲である．ある国（たとえば中国事業）に限定した提携なのか（「ローカル」），地域ベース（たとえばEU）なのか，あるいは世界市場に対するもの（「グローバル」）なのかという分け方である．

　これら提携におけるパートナーへの期待（目的）と地理的スコープ（範囲）という2つの要因を軸として海外事業展開に関する国際提携を位置づけると，図表5－4のような分類ができる．

　パートナー資産の活用目的で，地理的にローカルであるというパターンは，伝統的にとられてきた提携であり，現在でも多くの国でみることができる．第1章で述べたような，現地市場参入初期に多くみられる（提携）契約に基づく参入形態である．その前提にあるのは，参入初期の現地市場関連あるいは生産関連の知識が欠如しているという状況である．この無知の状況では，次の2つの理由から，現地企業との提携が模索される．第1に，その無知により現地事

図表5－4 海外事業展開と国際提携

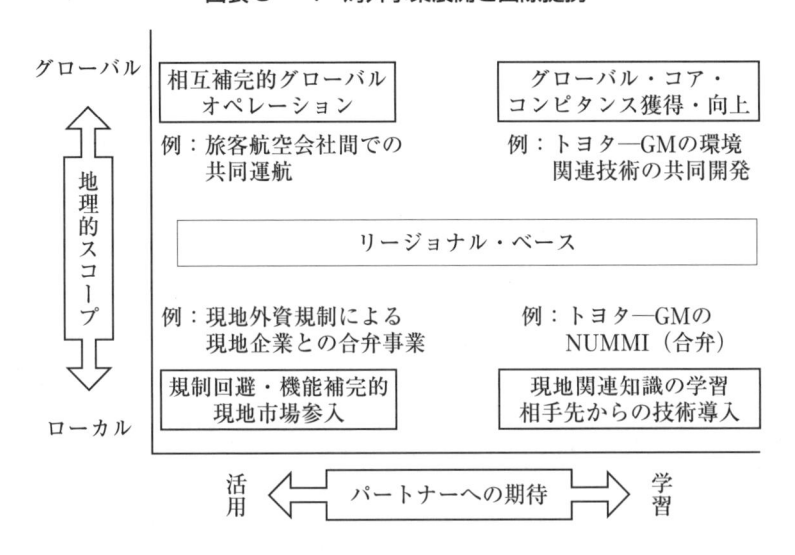

グローバル

地理的スコープ

ローカル

	相互補完的グローバルオペレーション	グローバル・コア・コンピタンス獲得・向上
	例：旅客航空会社間での共同運航	例：トヨタ―GMの環境関連技術の共同開発
	リージョナル・ベース	
	例：現地外資規制による現地企業との合弁事業	例：トヨタ―GMのNUMMI（合弁）
	規制回避・機能補完的現地市場参入	現地関連知識の学習相手先からの技術導入

活用 ←── パートナーへの期待 ──→ 学習

　業が失敗する可能性が高いため，比較的コストおよび投資のかからない方法で進出することが選択されることになり，現地企業との提携が有力な選択肢として浮上することになる．第2は，無知の状況で成功確率を高めるためには，同様に現地に精通している業者とパートナーを組むことが求められる．このような現地環境関連情報に精通していない市場参入初期にあっては，上の2つの理由から現地企業との提携による市場参入が有力なものとなる．次に，現地環境関連の知識を有しているとしても現地企業との提携が選好される場合もある．それは以下のような条件の場合である．①現地市場規模が小さく，また成長性もそれほど見込めない場合，すなわち，単独で進出するには必要な投資やコストに対して現地での売上が小さいと予想される場合，②現地での事業リスクが高い場合，③現地企業との提携が現地国政府の政策・規制により余儀なくされる場合である．

　上と同様に地理的でローカルに限定されているが，パートナーへの期待が，相手先の資源の活用というよりも，相手先の有する情報的経営資源の学習（現

地市場関連的あるいは生産関連的知識の習得)が目的であるという場合がある．この代表例は，トヨタとGMのアメリカでの合弁事業であるNUMMIである．トヨタにとって，北米での現地生産に乗り出すのに当たって上記の合弁事業を設立することにより，北米での現地生産に必要な知識や情報を取得することが主要な目的であったといわれている．アメリカの敵対的な労使関係の下でトヨタの作業方式がどのような形で導入できるのか，あるいは部品調達においてアメリカにおけるサプライヤーの数と品質，納期に関する知識や情報の獲得である．GMと組むことによって知識や情報の収集とともに半分の投資（50％の折半出資）で北米現地生産の実験を行ったということができる．トヨタは，そこで学習した知識や情報を活かして次に単独出資で生産工場を設立した．このように，NUMMIの事例は，トヨタ側からみれば，地理的スコープとしてはアメリカという現地に限定されており，その目的は現地関連知識の学習と位置づけることができよう．

　他方，GM側にとってもこの場合，目的は学習である．品質に問題を抱えていたGMは，この合弁を通じてトヨタの生産方式にかかわる知識やノウハウの獲得がその目的であった．しかし，GMにとっては，この知識・ノウハウの獲得は，北米市場のためだけというよりも，国際競争力の向上にその主眼がある．したがって，GM側からみれば，トヨタとの合弁事業NUMMIを通じた学習は，「グローバル・コア・コンピタンスの向上」がその目的であるといえる．その後，トヨタ―GMの間では，環境先端技術車の共同開発が行われているが，この提携は，双方にとって将来のグローバル・コア・コンピタンスの獲得を目指すものと位置づけることができる．

　最後に，相手先の経営資源活用が目的であり，その地理的範囲も1ヵ国を超えてグローバルに展開することを目的とした国際提携のパターンがある．たとえば，航空旅客では，スターアライアンスとワンワールドという2つのグローバルな提携グループがあり，それぞれ共同運航（コードシェア）や共同サービス（マイレージサービス）を展開している．この目的は，各社の有する知識や

ノウハウの学習ではなく，それぞれの経営資源の活用（たとえば，機材の共同運航）である．また，メーカーにとって，世界各国に製品を供給するために各地域にそれぞれ生産拠点や販売拠点を設置することは，固定費の増大をともなうとともに，その投資負担が大きくなる．そのため，地理的に相互補完関係を結ぶ提携も形成される．日産とルノーは，その提携により，アジアと北米に多くの拠点を有する日産と，欧州およびアフリカ，南米に拠点を有するルノーの生産および販売拠点の相互補完的活用が可能になった．このような相互補完的グローバル・オペレーションを目的とした国際提携も展開されている．

以上，海外事業展開にかかわる国際提携としては4つのタイプが識別されるが，実際には，これら4つのタイプの組み合わせが発生する．たとえば，日産とルノーの提携は，先の地理的相互補完だけではなく，共通プラットフォームの利用，燃料電池車の開発など，グローバル・コア・コンピタンスの獲得を狙ったものも含まれ，より包括的な提携となっている．また，トヨタとGMとの関係においても，先にみたようにNUMMIでの合弁事業からさらには環境先端技術車の共同開発へと提携関係が進展していることが見て取れる．

4. 国際提携にかかわる諸問題

国際提携を通じた海外事業展開，海外展開に必要な知識やノウハウの獲得，あるいはコアとなる競争力の強化は，複雑化し不確実性の高い経営環境ではかなり魅力的である．しかしながら，国際提携において問題がないわけではない．国際提携を成功させるためには，期待される効果の高い企業との提携が必要となる．もちろん，相手側も期待する効果を求めており，その要求に応えるだけの経営資源を有していなければならない．すなわち，利害の一致がなければならない．さらには，提携関係をうまくマネジメントするためには，双方の信頼関係が必要である．この信頼関係の構築には，かなり長い時間を要する．提携の目的が，相手側の有する知識やノウハウの学習というような場合には，この信頼関係が欠如していると有効には進んでいかない．しかしながら，変化する

環境の中でお互いの利害が相反したり,あるいは新たな経営資源の活用や獲得のためには既存の提携を見直し,新たな提携関係の構築が必要となる場合も出てくる．とりわけ,現代の戦略提携は,長期的というよりも短期的であると特徴づけられている（竹田, 1992）．環境に対応した経営資源の組み換えが必要となり,それに応じたパートナーの組み換えがなされることになる．このようなパートナーの組み換えと信頼関係の構築という矛盾する状況に直面する場合もある．

さらに,相手側の期待が学習にある場合には,自社の能力の相手側への移転が余儀なくされる．同業者との場合には,自社の競争優位の源泉となるような経営資源のライバルへの移転になりかねず,異業種の場合でも,将来の競争相手の創出につながりかねない．このように,提携に当たっては,提携関係をどのようにマネジメントするのか,そしてはらんでいる危険性を十分認識することが必要である．

演・習・問・題

問1 海外展開における提携にはどのような形態があるだろうか．
問2 日産とルノーの提携の特徴について調べてみよう．
問3 提携が失敗するパターンとはどのようなものだろうか．

参考文献

高井透（2001）「国際戦略提携」根本・茂垣・池田編『国際経営を学ぶ人のために』世界思想社

竹田志郎（1992）『国際戦略提携』同文舘

山下達哉・高井透（1993）『現代グローバル経営要論』同友館

《推薦図書》

1. Hamel, G. and Doz, Y. L. (1998) *Alliance Advantage : The Art of Creating Value through Partnering*, Harvard Business School Press.（志太勤一・柳孝一監訳『競争優位のアライアンス戦略』ダイヤモンド社，2001年）
   国際戦略提携についてその戦略意図を中心に展開．
2. 山倉健嗣（1993）『組織間関係』有斐閣
   組織間関係についての多様なパースペクティブを整理．
3. 竹田志郎（1998）『多国籍企業と戦略提携』文眞堂
   日本企業の実態分析から国際的な戦略提携の本質を探る．

第 6 章の要約

　グローバル企業の製品戦略とコミュニケーション戦略について検討している．まず市場セグメントが企業にとって有効であるためには，測定可能性，市場規模，接近可能性，実行可能性，競争状況，成長可能性の 5 つの条件があることを理解する．それに引き続いて，国際市場での市場細分化に特有な問題を検討する．製品の国際的な標準化に影響を与える要因を，製品関連，市場関連，企業関連の 3 つの側面で整理している．最後に，国際的な広告活動の異文化への対応問題を検討している．

第6章　国際製品戦略とプロモーション

1. 国際市場参入と市場細分化

　国際経営の重要な意思決定のひとつが市場参入であるといわれる．その理由は市場参入の意思決定が，企業の国際レベルの全てのレベルで関係しているからである．国際企業の初期のステージ，つまりまさにこれから国際企業となる第一歩を踏み出そうとしている段階でも，複数の市場に進出をはたした多国籍企業がさらに国際展開を図り，能力の高まった海外子会社が活動の場を他の市場に広げるような段階においても，市場参入の意思決定は重要である．

　また，その意思決定は，企業の長期的戦略にも影響することも理由のひとつである．市場参入がどのような形態をとるにせよ，ひとたび海外市場に参入した企業は，たとえそこでのビジネスが予想通りに進まなくとも，簡単に市場から撤退はできない．市場からの撤退は，多大な犠牲を払うことになるであろう．場合によっては，参入以上の犠牲を払うことになる．

　従来，国際企業の海外市場参入に関して，市場への参入形態，参入モードに関心が集められてきた．つまり，商社を介した間接輸出にするのか，現地の独立した輸出入業者を取引相手にした自社製品の直接輸出で参入するのか，あるいは，ライセンス契約を現地企業に与えるのか，あるいは自らの資本を現地に投入して（直接投資）自社の販売や製造の拠点を設立するのか，といった参入方法の選択に関する問題がクローズアップされてきた．

　たしかに，参入方法の選択は重要な意思決定であるが，市場参入は本来的にはより広い内容の意思決定を必要としている．具体的には，企業がいつ市場に参入すべきか，世界中のどの市場を選択して参入するのか，企業のそろえる製品群のうち，どの製品ラインを海外市場で販売するのかである．ここでは，国際市場参入と製品戦略との関係について考えてみることにしよう．

　国際市場参入と製品との関係を考える際に，市場細分化，マーケットセグメンテーションというマーケティング分野のキー概念が参考になる．市場細分化

図表6-1 海外ツアーの市場細分化の一例

	ライト・トラベラー	ヘビー・トラベラー
高所得	ガイド同行フルパッケージツアー	冒険ツアー
低所得	格安オフシーズンツアー	アラカルト式ツアー

とは，ひとつの大規模な市場をある特定のひとつ以上の重要な特徴によって分割されたより小規模な市場（細分化市場）としてとらえることをいう．分割された細分化市場は，元の市場に比べて小規模であるが，特徴の似通ったより同質的な顧客の集まった市場として考えられる．

一般に，対象となる顧客グループを2つ以上の異なる規準で分割するグリッディングという方法で市場の細分化を行う．図表6-1は海外旅行ツアー商品の市場細分化を検討した一例である．海外旅行に出かける人びとはSARS等の影響による一時的な変動はあるものの，長期的には年々増加の一途をたどり，かつてのように一部の富裕層だけが潜在的顧客ではない．大学生は卒業までに幾度となく海外旅行を経験し，リタイヤ後の人生を海外での短期・長期の移住生活で過ごしている高齢者も少なからずいる．そこで旅行代理店はツアー商品をアジアリゾート，ヨーロッパ，アメリカといった従来の地理的なバリエーションだけでなく，より幅広い多様なニーズに対応しようと努力している．たとえば，図表6-1の例では，所得レベルに応じたツアー商品の開発を考えている．これは，経験的に海外旅行に求めるニーズが富裕層とそれ以外では明確に異なることを旅行会社が理解している結果である．また，旅行会社は，海外旅行を人生に1回や2回の大きなイベントとしてとらえている顧客と，毎年複数回，比較的気楽に海外に出かけるリピーター顧客のツアーに対するニーズが異なることについても経験的に理解している．つまり旅行ツアーという商品のヘビー・ユーザーとライト・ユーザーである．

そこで，ツアー顧客の所得レベルと，海外旅行経験頻度の2つの基準で市場を分割した方が，効果的にツアー商品の開発とマーケティングが可能になると判断したとする．その結果が，図表6-1で示されたグリッドである．海外旅

行が初めてかあるいは希にしか出かけない富裕層顧客は，一回のツアーをできるだけ失敗なく，快適に楽しみたいと考えるであろう．海外旅行経験の少なさから，旅行会社のアドバイスに全面的に頼ることでそれは実現し，いわゆるフルパッケージツアーを好むかも知れない．過去に何回も海外旅行の経験があり，一年間にいくどとなく気軽に海外へでかけるヘビー・トラベラーは，旅行会社の決めたスケジュールをむしろ制約と感じるだろう．一度失敗したとしても，次回の旅行で取り戻せるといった楽観的な態度は，むしろ自由度の大きなアラカルト式のツアー商品を好むかもしれない．

頻繁に海外に出かける旅行者でも，ショッピングや名所旧跡の観光が目的であったり，リゾートでのんびりと過ごすことを目的とするなど，その旅行目的は多様だと指摘する人もいるだろう．つまり，所得レベルと旅行頻度を基準とするだけでなく，旅行目的という基準も海外旅行商品の市場の分割で有益なアイデアを提供するという意見が出てくるかもしれない．

所得レベル基準に加えて，目的別基準といったように市場を分割する基準を増やすことによって，より明確で同質性の高い市場グループが抽出できる．しかしながら，3次元のグリッドで構成された細分化市場は2次元のそれと比べると格段に解釈が困難になる．基準が増えると級数的に複雑さは増し，理解が困難になるからである．

したがってここで重要なことは，いかに少ない基準で意味のある細分化市場を導き出すかである．このような市場を分割する基準を市場細分化基準ないしは市場細分化変数という．細分化基準には一般に，人口統計的変数（デモグラフィクス），心理的変数（サイコグラフィクス），行動変数，地理的変数がある．

図表6－2　市場細分化の基準

人口統計的変数	年齢，性別，家族の人数，所得水準，職業，学歴，宗教，人種，国籍
心理的変数	ライフスタイル，性格，社会階級
行動変数	使用頻度，使用機会，ロイヤルティ，購買準備状況，製品等への態度
地理的変数	国や地域，人口密度，気候，都市部・周辺部

企業はマーケティング戦略策定にとって有益なアイデアを提供できるような基準を選択し，場合によっては新しい基準を発見することが求められる．

このようにして分割された市場セグメントが有効で企業にとって意味があるためには，次の6つの条件を満たす必要がある（Kotler, 2000）．

① 測定可能性

細分化市場は理解し易く，市場規模や販売高は測定可能でなければならない．所得水準などの人口統計的変数を細分化基準とする場合よりも，ライフスタイルや文化的影響の強い変数を基準とすると測定は難しい．

② 十分な市場規模

細分化市場を対象としたマーケティング戦略を策定するために十分な市場規模がなければならない．小さな市場規模であっても，製品の市場導入からライセンシングに切り替えるなど市場参入形態を変えたり，市場を国家単位ではなくEU，ASEANやNAFTAなど地域経済圏で考えることによって解決できる場合がある．

③ 接近可能性

細分化市場に焦点を合わせて企業は広告などを通じてメッセージを伝達することが可能で，実際に商品を配達可能でなければならない．マスメディアの普及状況や各種の規制やインフラの違いなど外部要因によって接近可能性は大きく左右される．

④ 実行可能性

標的市場となる細分化市場が別の細分化市場とは異なるマーケティング戦略が有効でなければならない．同じマーケティング戦略が各細分化市場で同様に効果的であるならば市場を細分化する意味はない．

⑤ 競争状況

細分化市場を発見したとしても，そこでライバル会社との熾烈な競争にさらされるとすれば，企業にとってその細分化市場の魅力度は低い．

⑥ 成長可能性

　細分化市場はできれば高い成長性をもっている方が望ましい．しかし，成長性が高いと認識される市場には，多くのライバル企業が参入することになるであろう．

　この6つの細分化市場の必要条件は，ある時点において，それを満たしているかどうかは実はあまり重要ではない．たとえば，当該市場にとって新奇性の高い商品であればあるほど，市場参入前の市場状況は参入後に大きく変化する可能性が高い．ライバル企業だけでなく消費者も気付かなかったような革新的な新製品の市場参入は，新たな市場を創り出すかもしれない．同時に，関連する既存製品の製品寿命を一気に短命化させるかもしれない．したがって，細分化市場の将来の市場規模や成長可能性を正確に予測することは難しい場合があり，当初は取るに足らない市場が巨大な市場へと変容することもあり得る．このように，市場細分化戦略には動態的な視点が欠かせない．

2. 国際市場細分化戦略

　国際市場の細分化にはいくつかのレベルが考えられる．まず，地球全体をひとつの大きな市場ととらえるならば，世界市場をいくつかの細分化市場に分割することができる．図表6－3は，世界市場を細分化する際の基準となるであろう国家の特徴の一例を示している．

　ヘルセンら（Helsen, K. et. al., 1993）は，図表6－3の変数を使った統計的な解析から，オランダ，日本，スウェーデンからなるグループと，オーストリア，ベルギー，デンマークからなるグループとアメリカに分割できることを示した．しかしながら，オランダはベルギーよりも日本と特徴が似通っていて，デンマークはスウェーデンよりもオーストリアに類似しているという結果の有用性は，国際マーケターの立場からするとそれほど大きくはない．おそらく，多少でも市場参入の可能性のある国家をリストアップする作業に役立つ程度であろう．

図表6-3 市場としての国家の細分化基準

総生産と輸送	航空機による旅行者（人数・距離） 航空貨物（重量・距離） 人口 自動車保有台数（1人当たり） 自動車ガソリン消費量（1人当たり） 電力生産量
健康	平均寿命 医師の数（1人当たり） 政治的安定性
貿易	GDPに占める輸入額 GDPに占める輸出額
ライフスタイル	1人当たりのGDP 電話の普及率 電気消費量（1人当たり）
国際性	海外渡航回数（1人当たり） 旅行者の支出額（1人当たり） 観光収入（1人当たり）
その他	消費者物価指数 新聞の発行部数 病院ベッド数 国家予算に占める教育費 大学院学生数（1人当たり）

出所）Helsen, K. Kamel Jedidi and W. S. DeSarbo（1993：64）

　もちろん，EU，ASEANやNAFTAなど地域経済圏の発達は域内国家の国境線の意味は，域外のそれよりは薄いかもしれないが，依然として世界経済が国家を枠組みとして考えられていることからすると，国家をベースとした細分化の有効性は高い．

　国際市場細分化戦略の中心的な課題は複数の国家単位の市場をどのようにして関連づけるかである．ひとつのアプローチとして図表6-4のように，複数の市場（この場合はA国市場からF国市場）には標的となる市場の規模の違いはあるにせよ，ほとんどの国に共通の市場セグメントが存在するという前提で，ニーズが同一の市場セグメントに共通したマーケティング戦略を行うというものである．パソコンなどハイテク製品や航空会社のサービスなどに対する消費者やユーザーのニーズは，国境を越えてもほとんど共通である．このような場合に有効なアプローチであるといえる．

図表6-4　各国共通セグメント方式

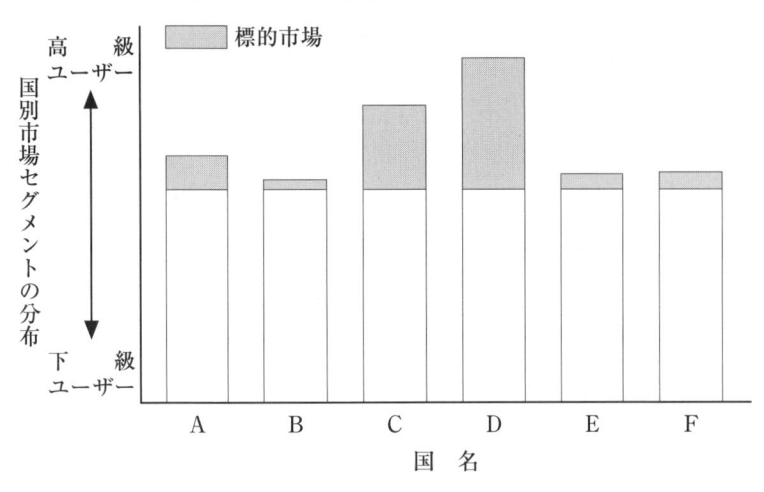

凡例：標的市場

縦軸：国別市場セグメントの分布（高級ユーザー ↔ 下級ユーザー）
横軸：国名　A　B　C　D　E　F

出所）Porter, M. E. ed., 邦訳（1989：144-145）

図表6-5　国別多様セグメント方式

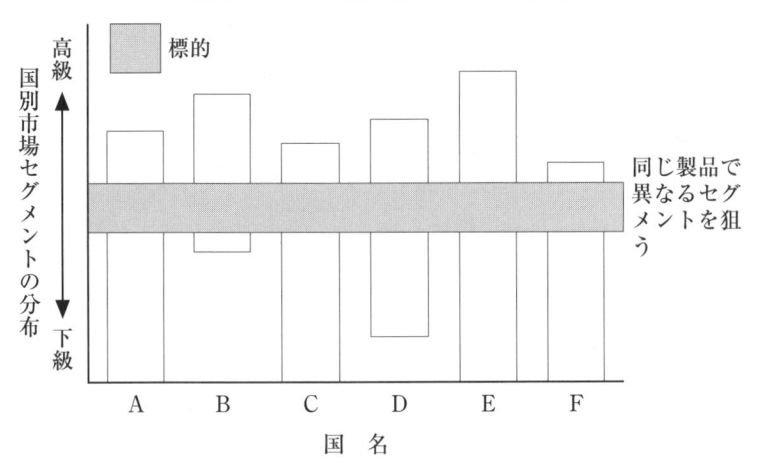

凡例：標的

縦軸：国別市場セグメントの分布（高級 ↔ 下級）
横軸：国名　A　B　C　D　E　F

同じ製品で異なるセグメントを狙う

出所）図表6-4と同じ

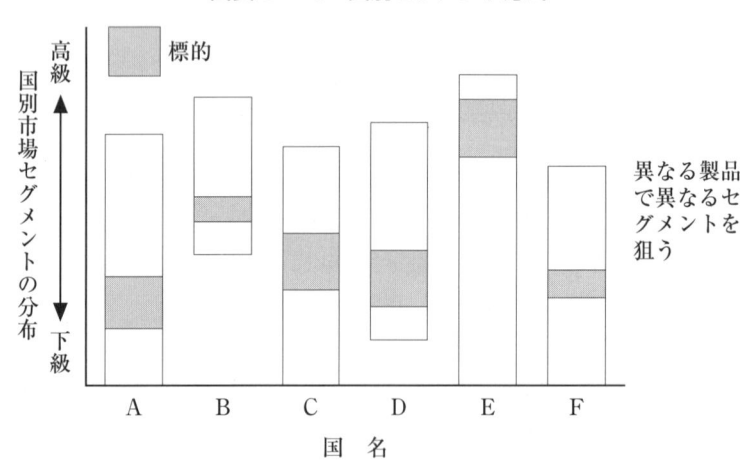

図表6－6 国別セグメント方式

高級 ← 国別市場セグメントの分布 → 下級

標的

異なる製品で異なるセグメントを狙う

国　名： A B C D E F

　もうひとつのアプローチを示したものが図表6－5である．これは，市場構造は本質的に国ごとに（この場合はA国市場からF国市場ごとに）異なるが，異なる特徴をもつセグメント市場にあっても共通して受け入れられる製品が存在するというアプローチである．ホンダのアコードは日本市場ではファミリーカーとして，アメリカ市場ではセカンドカーとして，ヨーロッパではスポーティなセダンとして，アジアの途上国市場では高級小型セダンとしてポジショニングされることにより異なる市場セグメントで共通して成功したモデルである．これらのアプローチは，国境を越えて国家横断的に同一の製品で同一のマーケティング戦略を行おうとするもので，製品の国際的標準化戦略を実現する根拠を与えている．

　しかしながら国家間の文化的差異性，使用条件の大きな違い，所得水準など人口統計的要因の違いは，国際的なマーケティングの標準化の障害となっていることも事実である．いわゆる現地適応化戦略をベースとしたアプローチが図表6－6である．それぞれの国でもっとも相応しい細分化基準によって市場細分化を行い，ひとつもしくはそれ以上の市場セグメントを標的とする．国に

よって細分化基準が異なることを前提にしているので，そこでの製品やマーケティングが他の国の市場に導入されることは予定されない．トヨタ自動車は東南アジアのいくつかの国で，乗用と貨物運搬を兼用できる多目的な自動車をBTV（Basic Transportation Vehicle）とカテゴライズして成功している．

　対象となる市場を国家単位で規定すると，市場カバレッジの戦略は国内のマーケティングと基本的には同じ考え方になる．コトラーら（1989，邦訳，1995）によれば，無差別型マーケティング，差別化型マーケティング，集中型マーケティングの何れかの戦略をとることになる．

　無差別型マーケティングとは，市場セグメント間の違いを無視した言わば細分化しない戦略である．しかし，すべての顧客を共通して満足させることのできる製品やサービスの開発は困難であると考えられており，現実には当該市場で最大のセグメントをターゲットとした戦略であるといえる．差別化型マーケティングは，細分化されたそれぞれの市場でターゲットとなる市場セグメントの数と同じ個数のフィットする製品やサービスを開発することを意味する．消費者の多様なニーズに対応して，自動車や家電など耐久消費財メーカー，食品メーカー，ホテルなどサービス業など幅広くこの戦略を指向する企業は多い．

　集中型マーケティングとは，大きな市場セグメントを敢えて避けて，より小さなひとつか少数の小さな市場セグメントで大きなシェアを獲得しようとする戦略で，いわゆるニッチ戦略である．国際市場細分化では，この集中型マーケティングの有用性が指摘される．というのは，企業の経営資源が限られている場合に，より経営資源の豊富なライバル企業に対抗する最良の方法になることが多いからだ．一般に国外から参入する企業は現地の企業に比べて投入できる経営資源が乏しい．

　今日の日本の自動車メーカーの成功の要因の一部は，北米市場での集中型マーケティングにあったと指摘されることがある．日本の自動車メーカーは，アメリカ市場で大部分を占める大型の4ドアセダンではなく，小型乗用車と小型のピックアップトラックで市場参入を果たした．小型車も小型トラックも，

ビッグスリーが手を出していなかった未開拓な市場であったために，日本の自動車メーカーはアメリカビッグスリーとの熾烈な競争を繰り広げることなく，着実に市場の創造と拡大を進めることができた．小型車の成功を土台にして，その後はSUV，高級セダンと製品ラインを拡大して今日に至っている．当時のビッグスリーとは規模と経営資源の点で圧倒的な格差があった日本メーカーがアメリカ市場で成功を収めた要因のひとつは，ビッグスリーにとっては魅力的でなかった小規模なニッチ市場にマーケティングを集中したからだといえる．より魅力的な大型セダン市場から参入を開始したり，バラエティに富んだ車種を当初より提供していたとしたら，日本車の今日の成功はなかったかもしれない．

　これらの市場カバレッジ戦略のうちどの戦略が最適であるかは，企業の経営資源（経営資源が限られていれば集中型マーケティング），製品の多様性（画一的な製品は無差別型マーケティング，多種多様な製品には差別化型マーケティング），製品ライフサイクル（導入期には無差別型もしくは集中型．成熟期では差別化型マーケティング），市場の可変性（顧客の好みが同じでマーケティング活動への反応も同じなら無差別型マーケティング），ライバル会社の戦略（ライバル企業が差別化型マーケティングの場合，無差別型マーケティングは選択できない）に左右されるとコトラーは指摘している．

3. 製品の国際的標準化と現地適応化

　国際マーケティング戦略における標準化と適応化の議論は，結局はコンセンサスを得ないまま終結しそうな気配である．マーケティング戦略全体では標準化と適応化の問題は，企業にとって重要な課題ではなくなって来つつあるのかもしれない．しかしながら，国際的な製品戦略に限っていえば，今なお，標準化と適応化という視点は有意義な示唆を与えるアプローチである．

　ソニーのPlayStation，アップルのiPod，Coke，マクドナルドのビッグマック，キヤノンのデジタルカメラ，ボーイングやエアバス社の旅客機などは国際的に

図表6-7 製品の標準化に影響する要因

製品に関連する要因	産業財・消費財 ハイテク・ローテク 製品ポジショニング
市場に関連する要因	市場の類似性 競争状況 デファクトスタンダードの有無
企業に関連する要因	企業の目標 子会社の所有形態

標準化された製品の一例である．

複数の市場で基本的に同一の製品を提供する利点として次の3点が強調されてきた．

① 規模の経済性
② 一貫性
③ 効率性

多品種少量生産に代表される今日の生産技術は，単品大量生産による効率性を必ずしも求めていない．したがってフレキシブルな生産体制を確立している企業では，製品の標準化による規模の経済性の恩恵は限定的になっている．マーケティングやR&Dにおいては標準化の恩恵は今なお高いかもしれない．むしろ製品の国際的な標準化による一貫性や効率性が強調されてきた．国際的な交通手段の利便性の高まりやインターネット，衛星放送など通信手段の発達は，人びとに自国と他国を直接的に比較する機会を増やしている．企業は，製品イメージやブランドイメージを国際的に一貫性を保つことの重要性を強く感じている．また，製品の標準化は製品に関わる意思決定の多くが本社で行われることを意味する．本社と子会社との経営的な調整は，この場合，本社による集権的なコントロールとなる．集権的なコントロールはもっともコストのかからない拠点間の調整方法であると指摘されている．グローバルな組織の効率性は製品の標準化を実施している方が高いといえる．

企業が製品を国際的に標準化するかどうかの意思決定は図表6-7のような

要因に左右される.

4. グローバルブランドとローカルブランド

　グローバルブランドとは，言語などの変更（たとえば，コカ・コーラと可口可楽と CocaCola）を除けば基本的に同一の商標を世界中の市場で使用することである．一方，ローカルブランドは同種の製品を各国市場ごとに別々のブランドを付けて販売することである．EU 内で共通なユーロブランドは，市場の共通性に注目しているという意味でグローバルブランドに含めてもよいかもしれない．

　過去の研究調査は，ブランドはマーケティングプログラムのなかでもっとも標準化が志向されていることを明らかにしている．確かに，グローバルブランドには利点が多い．まず，ブランドが世界共通であるという事実に起因するプレステージ性にマーケティング担当者は注目する．また，世界中で一貫したブランドイメージを与えることができ，複数のブランドをコントロールするよりも単一ブランドのコントロールの方が経営資源を効果的に活用できる．

　一方でローカルブランドも数多く存在する．海外市場で別の企業に同じか似通ったブランドが使用されたり登録されているケースである．また，本国では許されるが他国では登録できない単語を含む場合もある．松下電器の National から Panasonic への変更や，コカ・コーラ社の Diet Coke から Coke Light への変更はこの例である．

　企業はまた，製品のクオリティやポジショニングを別の市場で同程度に保てないと判断した時に，敢えてブランドの標準化を行わないこともある．さらに，商標の発音が困難な場合もローカルブランドを採用するだろう．たとえば，スペイン語では w を，イタリア語では w の他に j, k, y はなく，それらを含むブランド名の使用は困難である．また，好ましい意味を付加できる場合は積極的にローカルブランドの採用に踏み切ることがある．たとえば，世界でもっとも知名度の高いブランドのひとつであるマクドナルドでさえ，フランス語圏で

あるカナダのケベックではJ'Mのロゴを使用している．J'M（J'aime）は「私を好き」を強く連想させるからである．

　商標権の獲得とその権利の維持のための法的な手続きは，国によってさまざまである．多くの国では，登録しようとする商標が第三者によって使用されていないか，もしくは一定期間使用された実績がない場合に登録が認められる．しかし，使用の実績がなければ登録できない国もある．

　また，単にブランド名を登録するだけで自動的に商標権が保護されず，多くの国では登録以外の法的な手続きが必要である．一般には，登録された商標の「使用」が要求される．商標の入った広告や商品の陳列だけでなく，市場での販売が求められるような「使用実績」が要求される国もある．

　中国では3年間，韓国では1年間，登録した商標を使用しなかった場合には，商標権を放棄したと見なされる．このような国では，企業が市場からの撤退を考える際にも，慎重な対応が必要になる．一時的な撤退であっても，完全に現地でのビジネス活動を停止することは商標権を失いかねない．このような場合は，現地企業に商標権をライセンス供与するなどして，商標権が失効しないような方策を検討しなければならない．

5. 多様なコミュニケーション手段

　企業は消費者との多様なコミュニケーション手段をもっている．イギリスのグローバル企業のひとつであるBodyShop社を例に考えてみよう．イギリスのブライトンで，25種類のスキンケア，ヘアケア製品とわずか25ポンドの報酬で美術学生に作ってもらったロゴで1976年に出発したボディショップは，現在では世界60ヵ国1000店以上にまで成長した．同社は創業から一貫してマスメディアを通じての広告を基本的には行っていない．しかしながら，潜在的顧客も含めてほとんどの顧客は，ボディショップが消費者に何を伝えたいかを比較的正確に理解している．このような意味で，ボディショップのコミュニケーション戦略は有効に機能している．

第6章　国際製品戦略とプロモーション

　世界中にあるボディショップの店内に入るとまず気づくことは，常にほのかな香りに包まれていることである．これは顧客が商品を店内でテスティングした「おまけ」ではなく，意図的な演出による．欧米の小売店の販売員は顧客に対して一般に饒舌であるが，ボディショップでは店員の方から声をかけることは滅多にない．店内で心地よく過ごせるように配慮されていると顧客も自然と理解する．

　販売されているパフュームもフットローションもパッケージではほとんど区別がつかない．飾り気のない半透明のプラスチック容器に成分などが表示されたラベルが貼ってあるだけである．販売員の売り込みがない代わりに，棚には使用法について説明書がある．ボディショップの製品をはじめ，パッケージやラベル，店舗環境は決してライバル企業のそれと比べて優れているわけではない．むしろありふれた原材料と簡単なラベルを貼った容器は過度に実用的ですらある．

　しかしながら，これらはボディショップの企業活動も含めてトータルとして消費者に対して強いメッセージを伝える結果となっている．それは，国際的にも競争の激しい化粧品業界のほとんどの企業が膨大な広告費と豪華なディスプレイ，芸術的ですらあるパッケージで消費者の心をつかもうとしているのとは対照的である．

　たしかに，すべての会社がボディショップのようなコミュニケーション戦略を採用できるわけではない．ほとんどの企業にとって，顧客とコミュニケートするもっとも効果的な手段は広告などのプロモーション活動である．ただし，ボディショップの事例は，顧客とのコミュニケーション手段を広告などのプロモーションに限定して考えるべきでないことを示している．

6. 国際広告の異文化対応

　国際コミュニケーション戦略は文化的差異性の影響を受けやすい．国際的な広告表現を例にして考えてみよう．広告は単に製品機能なりサービス・コンテ

ンツに関する情報を提供するだけではない．消費者のニーズやウォンツや願望を満足させるようなイメージを製品に結びつけることが重要である．ところが，消費者の感覚や認識，価値観や態度，ライフスタイルや信念などイメージの確立に関連の深いこれらは強く文化と関わっている．

　たとえば，家庭用食器洗い機の基本的な機能は世界中どこの市場でも同じである．家庭で使用した1回分の食器を十分に綺麗に洗えればよいのである．食器の汚れが主に肉料理による油脂によるものか，お米やパスタなど炭水化物によるものかといった違いや，一回の食器の種類や量は国によって異なるであろうが，それらが食器洗い機の基本的機能の違いに結びつくことはない．

　しかしながら，先に述べたように広告は単に製品機能を伝えるだけではない．製品に対する消費者のニーズやウォンツと結びつかなければならない．主婦の家事労働時間に関心の強い市場では，家庭用食器洗い機は家事時間を短縮させる便利な製品といったポジショニングが大切になる．しかし，家族の食器を丁寧に洗うことが理想的な主婦像である市場では，時間節約の便利な装置という広告は効果がなく，むしろ悪影響かもしれない．食器洗い機を使う主婦は，家事をおろそかにする主婦と見なされるかもしれないからだ．しかし，このような市場で，食器洗い機が節約するのは時間ではなく，能率的な洗浄による水やエネルギーの節約であると伝えることは可能である．食器洗い機がより衛生的な洗浄に適していると訴える広告に家族思いの主婦は敏感に反応するであろう．

　また，広告表現では言葉自体が広告効果を大きく左右する．たとえば「リラックス」という言葉は，ある国では精神的な緊張からの解放をイメージさせ，またある国では肉体的な休息をイメージさせる．国際的な広告メッセージや広告コピーの作成における言語の問題は，単に単語の選択やニュアンスといった翻訳の問題だけではない．たとえば，言葉による直接的な表現を好む国と，直接的な表現は高圧的で安っぽいとみられる国もある．アメリカでは効果的な比較広告が，日本ではむしろネガティブな影響しかもたらさなかったという事例もある．

国際広告の別の課題は，各国市場の制約条件がコミュニケーション戦略の遂行に決定的な影響を与えることである．製品戦略，価格戦略，流通戦略の他の4Pも市場の制約を受けるが，しばしば広告はより厳しい制約条件の下で行われる．

たとえば，ほとんどの先進国ではマスメディアを利用したタバコ広告を禁じている．日本は先進国のなかでは比較的緩やかな規制であったために，本国市場では決して観ることのできないタバコのCFを日本市場では観ることができるという奇妙な事態も起こっていた．その後，1998年からタバコ広告の自主規制が強化され，他の先進国同様にタバコ広告CFが認められなくなった．ほとんどの国の政府は，企業の広告活動に詳細な規制を設けている．それは広告対象だけでなく，手段や方法や表現にまで及ぶ．このような広告に関する規定は，国によってかなり異なる．

演・習・問・題

問1　細分化された市場が企業にとって有効であるための条件を考えなさい．
問2　市場の細分化の基準を整理して，国際市場に当てはめる際の課題を議論しなさい．
問3　外資系企業の広告と日本企業の広告を比較して，そこからいくつかの特徴を読み取りなさい．

参考文献

Cateora, P. R. (1996) International Marketing, 9th ed., Irvin.
Cohen, D. (1986) "Trademark Strategy," Journal of Marketing, Jan.
Helsen, K., Jedidi, K. and W. S. DeSarbo (1993) "A New Approach to Country Segmentation Utilizing Multinational Diffusion Patterns," *Journal of Marketing* 57 (4).
Kotabe, M. and K. Helsen (2001) *Global Marketing Management*, John Wiley & Sons.（横井義則監訳『グローバルビジネス戦略』同文館，2001年）
Kotler, P. (2000) *Marketing Managemnet*, Prentice Hall.

Kotler, P. and G. Armstrong (1989) *Principles of Marketing*, Prentice Hall. (和田充夫・青木倫一訳『新版マーケティング原理：戦略的行動の基本と実践』ダイヤモンド社, 1995年)

Porter, M. E. ed. (1989) *Competition in Global Industries*, Harvard Business School Press. (土岐ほか訳『グローバル企業の競争戦略』ダイヤモンド社, 1989年)

江夏健一編 (1988)『グローバル競争戦略』誠文堂新光社

鈴木典比古 (1989)『国際マーケティング』同文舘

諸上茂登 (1993)『国際市場細分化の研究』同文舘

諸上茂登・藤沢武史 (1997)『グローバル・マーケティング』中央経済社

―――《推薦図書》―――

1. Kotler, P. and G. Armstrong (1997) *Marketing: An Introduction*, Fourth Edition, Prentice Hall. (恩蔵直人監修, 月谷真紀訳『コトラーのマーケティング入門』ピアソン・エデュケーション, 1999年)
   事例も多くマーケティングの基本を網羅した教科書.
2. 諸上茂登 (1993)『国際市場細分化の研究』同文舘
   市場細分化を国際マーケティングの立場から検討した点で類書がみあたらない.

第7章の要約

　第7章では，グローバル企業の国際価格戦略と国際ロジスティクスについて検討している．まず，グローバル市場での製品の価格設定に影響を及ぼす要因について整理して理解する．その後，戦略的な価格設定の3つのパターンを概説する．すなわち，マーケット・シェア重視の価格戦略，収益重視の価格戦略，クオリティ・リーダーシップ重視の価格戦略の3つである．

　国際ロジスティクスの特質について理解した後で，とくにロジスティクスの川上領域をサード・パーティ・ロジスティクスに焦点を当てて検討している．最後に，国際ロジスティクスがよりオープンなシステムの方向に向かっていることを理解する．

第7章　国際価格戦略と国際ロジスティクス

1. 価格の決定要因

　価格だけが国際競争を勝ち抜く要因ではなくなってきた．ブランドなどの非価格競争力，高い製品品質，商品のアクセサビリティとデリバリーの迅速さ，効果的なプロモーションなどが合わさって初めて価格戦略が効果を発揮する．消費者は価格そのものに不満をもつのではない．不満をもつのは，知覚された価値とそれに対しての価格との関係に対してである．消費者はそれが支払うだけの価値のある妥当な価格であると判断すれば，価格は高くとも購入する．知覚される価値よりも高い価格を設定したならば消費者は購入しない．

　反対に，たとえ安い価格であったとしても，消費者は十分な価値を得られない製品に対しては厳しい態度をとるであろう．80年代に低価格を武器にしてアメリカ市場に参入した韓国製自動車メーカーのその後のつまずきや，アメリカ市場でのライカー・スカイトレーン社など超低運賃航空会社の相次ぐ淘汰はこのことを示している．つまり，マーケティング担当者にとって価格は経済理論が教えるほぼ直線で描かれる需要曲線ではなく，消費者に与えることのできる価値と結びつけて考えなければならない．

　価格戦略がそれ以外の4Pと決定的に異なる点が2つある．ひとつは，価格戦略はマーケティング戦略のなかでもっともフレキシブルな戦略であることだ．製品は利用できる部品や原材料に限界がある．既存の流通システムに依存しないロジスティクスは犠牲が大きい．広告などのコミュニケーション戦略も利用できるメディアや政府の規制など多くの制約条件の下で活動を強いられる．

　もうひとつの点は，価格戦略以外の4Pは全てコストと結びついているが，価格戦略だけが企業の利益と直接に結びついている点である．洗練された高度な流通戦略を準備したとしても，新しい流通自体が利益をもたらすのではない．コストを削減したり，エンドユーザーの満足度を向上させることで，結果的に利益をもたらすのである．広告や製品に関する戦略についても同じことがいえ

る.

　さて,国際マーケティングにおける価格の決定要因は国内のそれと基本的には同じである.ただし,一般に不確実性の高い環境ゆえにグローバル企業はより複雑でリスクの高い意思決定を行わなければならない.たとえば,国際ビジネスに特有な問題として,為替レートの影響がある.米国市場で100ドルの小売価格は短期的には為替レートと無関係に100ドルであるが,それが日本から輸出された商品であるならば,日本企業にとって為替レートの変化によって9,000円や12,000円に相当する.また,輸出品の場合,輸送コストなど中間コストが価格に占める割合が高くなる.

　ここでは国際的な次元で価格決定に影響する要因を次の4つに整理している.すなわち内的な要因として企業の目標と組織の特性,外的な要因としては,競争状況と市場の購買力である.

(1) 企業の目標

　標的市場と製品ポジショニングを明確に決めたならば,その製品の価格に関する意思決定はほとんど決まってしまう(Kotler and Armstrong, 1989).つまり,企業がその製品を市場に出すことによって何を求めているか,その目的なり目標が明確であればあるほど価格の設定の方向性は決まってくる.このような目標としてコトラーらは,企業の存続,現在利益の極大化,市場シェアの極大化,品質リーダーシップの確保などを指摘している.

(2) 組織の特性

　価格戦略の策定や価格設定に関する権限がどこにあるかは企業によって異なる.商社などを経由した間接輸出によって市場参入している企業は,現地での最終的な販売価格を全くコントロールできないであろう.本社が海外子会社を集権的にコントロールしているケースと,子会社に権限を大幅に委譲した分権的なコントロールをしているケースでは,価格に関する意思決定に影響をもつ

場所が異なる．

(3) 競争状況

ライバル企業の数と影響力は価格設定に影響する．プライス・リーダーが存在する市場では，価格設定は大幅に制限されるだろう．リーダー不在の別の海外市場に参入して価格戦略を発揮することは可能であるが，必ずしも有効な方策ではない．ある市場でプライス・リーダーに成れる優位性をもった企業は，おそらく他の市場においてもその優位性を発揮する潜在的な力をもっているといえるからだ．

(4) 購買力の国際的格差

国家間の経済的格差は広がりつつある．この10年間で先進国の生活は確実に豊かになったが，途上国のそれはほとんど変化がなかった．結果として富める国はさらに富み，貧しい国はさらに貧しくなってしまった．パソコンを介してのインターネットのある生活は先進国の消費者にとっては当たり前のことになったが，途上国の多数の消費者にとってパソコンの購入は絶望的な状況にある．

2. 戦略的価格設定

国内の価格戦略と同様に国際マーケティングにおいても戦略的な価格設定は可能である．価格戦略の最終的な目標は，企業の世界的な販売と利益に寄与することである．代表的な価格戦略の目標はマーケット・シェアの拡大と維持，目標収益の確保，クオリティ・リーダーシップの確保と維持の3つで，企業の設定した価格に戦略的な意図があるとすると，このいずれか，あるいはその組み合わせである．

(1) マーケット・シェア重視の価格戦略

マーケット・シェアはその製品の市場でのポジショニングを決める重要な要

因のひとつである．一度失った小売店舗の棚スペースを取り戻すためには多大な努力が必要であり，ライバル製品にスイッチしてしまった移り気な消費者を呼び戻すことは困難な作業である．マーケット・シェアを重視した価格の設定は，しばしば競合製品の価格に対抗して行われる．競合製品の価格帯に対して消費者が安価であると認識するような価格よりも安い価格に設定する．この価格戦略では価格が競争的にならざるを得ないので，短期的にせよ追加的コストを吸収する余力が乏しい．

　ペネトレーション価格戦略，あるいは市場浸透価格戦略と呼ばれる戦略はマーケット・シェアを重視した戦略の典型で，他のマーケティングミックスよりも価格の優位性を利用して市場に一定のシェアを短期的に拡大しようとするものである．

(2) 収益重視の価格戦略

　収益重視の価格戦略は国際ビジネスに携わる流通業者などの中間業者とメーカーの双方にみることができる．小売業者や卸売業者はオペレーションコストをカバーして一定の利益を確保するために，仕入れ価格に一定のマークアップ率を決めて，それを基準にして最終価格を決定することが多い．メーカーが一定の投資収益率を確保するような価格を設定しようとする方法も同様である．

　この戦略はマネジメントにおけるいくつかの利点がある．まず，価格の意思決定が早い．市場志向の戦略というよりはコスト志向の戦略なので，複雑で不確実な市場要因から一歩距離を置いて意思決定がなされるからだ．もちろん，競争状況によって目標とする投資収益率やマークアップ率を変更するなどの対応は行うが，それでもなお価格設定の意思決定は容易であるといえる．

　さらに，国際ビジネスでは，多くの事業部門や海外の拠点の業績評価やそのコントロールが問題となるが，普遍的に適応可能な投資収益率を元にした価格設定をすることで，その評価やコントロールをシンプルな形にすることができる．

(3) クオリティ・リーダーシップ重視の価格戦略

　価格という情報が消費者の製品評価において重要な役割を果たすことが多い．クオリティ・リーダーシップを重視した価格戦略は，この消費者の価格に対する認識に注目した戦略である．製品に高いプレステージ性をもたせることで，消費者にプレミアム価格を喜んで支払わせようとする．プレステージ性は一般に希少性と関連している．したがってこの価格戦略は，独特な技術や製法，希少な材料，限定的な購入機会など強力な製品差別化の条件としばしば関連している．競合製品の価格帯よりも一段と高い価格が設定される．

　スキミングプライス戦略あるいは上層吸収価格戦略とよばれる戦略がこの典型であり，市場全体でなくプレミアム価格を喜んで支払う意思と能力のある市場セグメントを標的とした価格戦略である．

3. 国際ロジスティクスの特質

　ロジスティクスという言葉は軍事用語からきており，前線部隊への兵員や武器・弾薬など戦略物資を補給する後方支援活動を意味する．ビジネス活動にそれを置き換えれば，企業の研究開発拠点の立地，工場の立地，原材料・部品・中間製品の調達，工場間の分業関係，完成品の在庫・輸送・供給といった調達・生産・流通の諸活動と関連している．

　一般にロジスティクスという言葉で表現される場合は，これらの諸活動を一連のプロセスとしてとらえた場合が多い．ただし，アメリカでは，ロジスティクスを完成製品の移動と保管の問題として狭義に扱い，生産までの部品調達などの活動に対してはソーシングという用語をあてる場合がある．ここでは日本での一般的なターミノロジーにしたがってロジスティクスを広義にとらえている．

　このようにロジスティクスの問題は企業活動の幅広い範囲に関わっており，またひとたびロジスティクスが構築されると，その複雑な組織間関係から大きな変更が簡単には行えない．したがって，その意思決定は企業の国際経営全般に関係した長期的で高度な内容を含んでいるといえる．ロジスティクスが企業

経営にとって重要であるという認識はほとんどすべての企業がもっているものの，おそらくその対象となる企業活動の範囲の広さと，企業の置かれた環境によってロジスティクスの焦点が大きく異なるといった問題のために，課題の多い分野であるともいえる．日本でも著名な経営学者のピーター・ドラッカーは，ロジスティクスが企業の競争優位を発揮する源泉としてほとんど開拓されていない「ビジネスの暗黒大陸」となっていると述べているほどである．しかしながらこのことは裏を返せば，有効なロジスティクスを構築した企業はかなりの競争優位を獲得できるということであり，その未活用の潜在的な源泉は多数あるということだ．

　国際ロジスティクスは，企業の国際的なコミットメントの程度によって大きく左右される．そしてコミットメントの程度は「幅」と「深度」の2つの次元で考える必要がある．コミットメントの幅は，調達，生産，流通・販売の国際的なエリアに直接関係している．調達や生産が国内で完結していれば，コミットメントの幅は狭いといえ，複数の海外市場で生産・流通・販売を行い，世界中から部品等の調達を行っていればコミットメントの幅は広い．ロジスティクスは製品や部品の物理的な移動や保管の管理に関係するので，企業の国際的な活動の地理的な広がりは，そのロジスティクスに大きく影響する．

　もうひとつの国際的コミットメントの側面は「深度」である．企業の調達，生産，流通・販売が国際的な広がりをもって行われてる場合であっても，たとえば海外での調達や生産がその企業にとってどの程度のポジションを占めているかによってロジスティクスは変わってくる．つまり，ロジスティクスを担う外部の中間業者などを含めての海外の拠点が，その企業のグローバルな活動という視点でみたときに，どの程度の重要度を担っているかによってロジスティクスの構築は異なるということである．

4. 完成品以前のロジスティクス

　ロジスティクスは，生産と調達に関する「ワンセット」の意思決定であるこ

とが強調される．たしかに部品の調達や生産や流通を，個別に企業活動の一機能として考えるよりも，調達から生産，流通・販売までを一貫して考えるアプローチは経営的に大きな示唆を与えてくれる可能性がある．とくに，国際的なビジネス環境ではその意義は大きいだろう．しかし，部品の調達が製品の流通や販売に直接影響するということは考えにくい．現実的には，調達から生産までの川上部分で検討すべき問題と，完成品をどのように流通させ販売するかの川下部分で検討すべき問題が未だに多い．

かつて海外市場での物流を外部の中間業者にアウトソーシングするという動きが，とくにEUの市場統合にともなった流通センターの構築において注目を集めたことがある．近年では，調達活動のアウトソーシングに注目が集まっている．いわゆる3PL（サードパーティ・ロジスティクス）である．ここでは，いわゆるミルクラン方式とVMI（ベンダー・マネジメント・インベントリー）についてみてみよう．

(1) ミルクラン方式

ミルクラン方式とは，複数のサプライヤーを定期的に巡回しながら部品や半製品を混載して集荷して，それらをメーカーに一括して搬入する部品等の調達方法を指す．牛乳は，協同組合などのトラックやタンクローリーが順番に複数の独立した酪農家をまわって生乳を集め，以前に受け取った標準化された空容器を酪農家に返却し，集中的に加工生産されており，ちょうど独立したサプライヤーを巡回する姿が生乳の集荷に似ていることからこのようによばれる．ミルクラン方式による物流は，最終的に部品等を必要とする完成品メーカーが担うこともできるが，一般には運輸会社などのサードパーティによるロジスティクスである．

ミルクラン方式によらない従来の部品納入は，各サプライヤーがメーカーの指示により，その都度納入する「送り込み」スタイルであった．また完成品メーカーから納期遵守の要望は強く，部品サプライヤーが配送計画を立て，完

成品メーカーに納品するまで荷物に責任をもたなければならない．JIT（ジャスト・イン・タイム）に代表されるような部品在庫をもたない生産スタイルは，部品サプライヤーに厳格な納品管理を強いることになってきている．したがって，部品サプライヤーにとって「引き取り」であるミルクラン方式を利用するメリットは部品の工場渡しが可能になることである．つまりミルクラン方式を利用することによって，サプライヤーは製造に専念できる．また牛乳の場合と同様に，ミルクラン方式では標準化された共通の容器を使用することが多く，梱包などのメリットもある．

完成品メーカーにとってミルクラン方式のメリットは，まず部品納入の安定化にある．サプライヤーとの取引実績が少なく，納期への不安が残る場合でもミルクラン方式によってリスクが軽減される．トヨタがアメリカのNUMMIでの生産に際してもミルクラン方式を利用した．NUMMIのあるカルフォルニア州は，自動車産業の集積地ではなく，活用できる既存の部品配送網がなかった．このように小規模生産から始める場合，ミルクラン方式は有効で，小さい生産規模から，徐々に規模を拡大する場合，輸送網に自社のコントロールがきき，混乱なく効率的な輸送量の拡大ができる．また，完成品メーカーの生産コストの見直しに寄与する．通常，部品の調達コストには輸送コストが含まれている．製造コストと輸送コストを分離し，生産コスト構造がより明確になることによって，部品の内製化や調達先選択などの意思決定が容易になる．

ミルクラン方式の代表的な事例として2002年より蘇州日通国際物流有限公司にて業務開始された蘇州キヤノン向けサービスがある．半径100km内の150にも上る部品サプライヤーを，1日に8回，蘇州日通のトラックが集荷し，蘇州キヤノン社の製造ラインに導入している．各トラックには「ミルクランダー」と称するサービスマンを載せ，集荷する度にバーコードで入庫処理をしている．このミルクランダーの業務によって，何時何分に荷物を集荷したかが瞬時に判明し，荷物の問合せに対応している．

(2) VMI（ベンダー・マネジメント・インベントリー）

　ミルクラン方式とならんで，近年注目されている 3PL のひとつが VMI (Vender Management Inventory) である．VMI とは，ベンダーすなわちサプライヤーが供給品である部品等を自ら在庫管理する方法である．実際には，物流会社の倉庫（VMI 倉庫）に保管し管理を委託する場合が多い．委託を受けた物流会社は，サプライヤーと完成品メーカーの中間に入って，完成品メーカーに納入される部品や半製品の物流の管理を行うことになる．物流企業の VMI 倉庫を利用することで，完成品メーカーはサプライヤーではなく物流会社に必要な部品等を指示して引き取ることになる．サプライヤーは，完成品メーカーの指示ではなく，物流会社からの在庫情報をもとに完成品メーカーではなく物流企業の倉庫に部品等を納品することになる．そこで通常1ヵ月のインターバルで，VMI 倉庫から完成品メーカーに出庫した数量をカウントして，完成品メーカーの引き取り分がサプライヤーの売上となる．

　完成品メーカー側からこのサービスの導入が検討されることが多いといわれるが，それは完成品メーカーにとってこのサービスを利用するメリットが大きいからである．部品等の安定的な供給のためには，ある程度の在庫が必要であるが，VMI サービスを利用することで，完成品メーカーは原理的には無在庫でかつ JIT を容易に実現できる．というのは，VMI 倉庫が一種のバッファーになって，部品供給の変動と部品需要の変動を上手く吸収するからである．

　サプライヤーにとってもメリットが多い．サプライヤーは完成品メーカーからの細かく厳しい要求にしたがって部品を製造する必要がなくなり，完成メーカーと取り決めた一定量の範囲内で VMI 倉庫へ入庫しさえすれば良いことになる．したがって，不必要な予備在庫を減らすことができる．同時に，完成品メーカーからの予想外の短期需要の増加による追加的な生産コストを減らすことができる．VMI 倉庫の物流管理を物流会社に委託している場合は，完成品メーカーとの頻繁な受発注業務からも解放されることになる．このように，従来の方法に比べて出庫オーダーと配送方法が大きく異なる．

VMI は，富山の薬売りに喩えられる．複数の製薬メーカーから委託を受けた置き薬会社は，各家庭の事情に応じた薬をまとめて容器（置き薬箱）に入れて預け，消費者は必要に応じてその薬を使い，使っただけの代金を定期的に支払う．ちょうどサプライヤーが製薬会社，物流企業が置き薬の会社，VMI 倉庫が置き薬箱に相当し，完成品メーカーが家庭の消費者と考えると仕組みとしては似通っている．

　この VMI サービスは前述のミルクラン方式と組み合わさることでさらにベネフィットが大きくなる場合が多い．地理的にある程度分散しているサプライヤーと完成品メーカーとの部品や半製品の供給・調達を，できるだけ在庫リスクを減らして JIT を実現する有効な手段となっている．つまり，複数のサプライヤーをミルクラン方式で物流会社は部品を集荷して，完成品メーカーの工場に隣接した VMI 倉庫に保管管理し，完成品メーカーは生産計画に合わせて VMI 倉庫から調達する（図表 7 - 1 参照）．

　たとえば，蘇州日通国際物流有限公司は，2004 年より湖北省襄樊にある日産の合弁会社「東風汽車」の物流業務を請け負っている．同社は広東省各地のパーツメーカーから部品をミルクラン方式で集荷し，東風汽車の工場付近の VMI 倉庫において，生産計画に合わせて部品を仕分け，1 日最大 4 回工場へ搬入している．

　トヨタも北アメリカの NUMMI で，物流会社を使い，物流会社が中間に物流基地を設け，そこで部品在庫を管理し，生産状況に応じて納入を行うというシステムをとっている．この物流会社と NUMMI の間に結ばれた契約では，デトロイト周辺で調達した部品を一時，デトロイト基地に集め，それを同社のシカゴ基地の定時的に移送・保管し，シカゴ基地から NUMMI に向けて大陸横断鉄道でカルフォルニアまで部品供給を行うというものである．このようにサード・パーティ・ロジスティクスは，途上国だけでなく先進国，日本国内の生産拠点でも利用され注目を集めている．

図表７－１　ミルクラン方式とVMI

[図：物流会社、完成品メーカー、サプライヤー（複数）、VMI倉庫を結ぶミルクラン方式とVMIの概念図。物流会社が完成品メーカーからの指示を受け、複数のサプライヤーを巡回集荷（ミルクラン）し、VMI倉庫へ配送・管理を行い、VMI倉庫から完成品メーカーへ供給する流れを示す。]

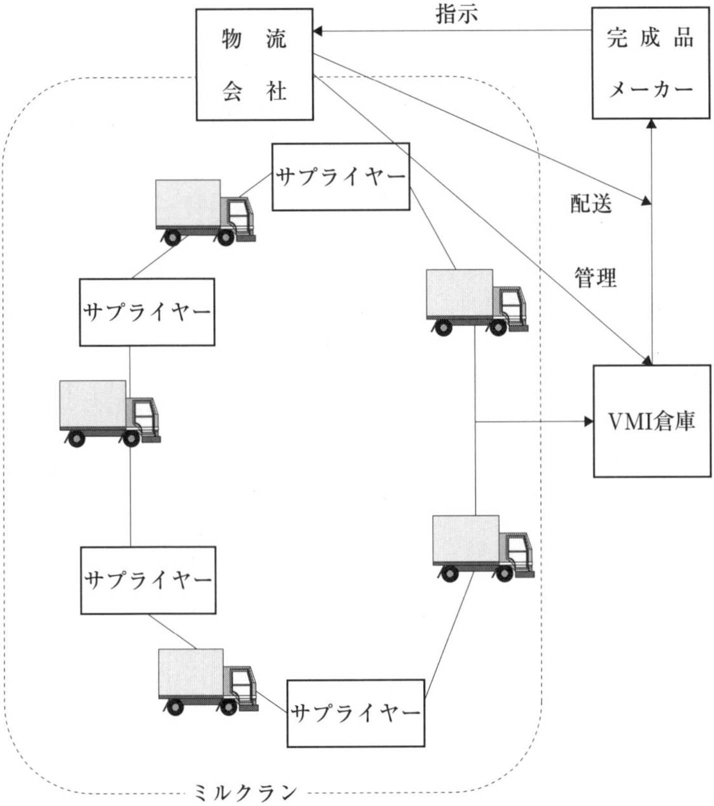

5. 集約と集中からオープンシステムへ

　海外拠点の数が増えれば増えるほど，ロジスティクス・オペレーションの重複が生まれる．いくつかのオペレーションは各拠点や各市場に残しておかなければならないが，一方で，必ずしも特定の拠点や市場と結びついていない業務もある．このようなオペレーションを１ヵ所に集中することで大きな経済性を企業にもたらすことがある．とくにロジスティクスの分野では集中と集約による経済性の発揮が期待できる．たとえば，標準化された部品や半製品の調達は，必ずしも特定の供給先でなく世界中から調達できる可能性が高い．各拠点で個

別に調達していたスタイルを国際調達センターに集中することで，調達市場の調査，調達先の探索，調達先との商談でより最適な調達業務を遂行できる．

ロジスティクスの川下領域でも同様である．一般に海外の生産拠点は市場のニーズを全て満たすような十分な製品ラインをもたない．いくつかの製品は，他の拠点から輸入して製品ラインを補完する．諸上・藤沢（1997）は，グローバル企業がフル製品ラインを提供できるのは配送センターならではであり，その存在意義は国内企業と比べてはるかに大きいと述べている．

集約化のロジスティクスは，たしかに国際ロジスティクスでは有効なアプローチである．しかしながら常に最良のアプローチとはならない．

まず，調達センターや流通センターの規模や能力を無限に拡大することは，結果的に規模の不経済を生みかねない．つまり，あるレベルまでは各拠点に分散していたロジスティクス業務を集約することによる効率性があるが，処理能力を超えて部分については効果がないばかりか，それがボトルネックになりかねない．たとえば，調達・流通センターにおける失敗は，生産・販売拠点に深刻な影響を及ぼすが，センターの規模が大きければ大きいほど深刻度は増大する．

また，調達センターや流通センターの役割が高まると，海外の各拠点のモチベーションや意思決定への影響も懸念される．一般に国際的なセンターは，より本社の意向に近い意思決定を行うと考えられる．本社の都合による部品の選定や販売計画が強行されないという保証はない．子会社の自立性をどこまで確保できるかが問題になる．調達や流通に関する意思決定の権限がセンターに移管することによる，子会社のモチベーションの低下についても考慮されねばならない．

このように考えると，分散化，分権化したままで効率性を高めるロジスティクスの構築がグローバル企業の今後の課題であるといえる．それぞれの拠点が独自の優位性を犠牲にすることなく，同時に多数の拠点のひとつであるというグローバル企業としての優位性を発揮できるようなロジスティクスである．い

わばロジスティクスのネットワーキングであり，換言すれば連結の経済に基づくロジスティクスである．範囲の経済が企業内部の資源の活用に焦点を当てるのに対して，連結の経済は複数の主体・複数の組織という多様性を前提にした効率性である．

　このような国際ロジスティクスの方向性を推進するような素地が整いつつある．ひとつには，前述したような物流会社によるサードパーティ・ロジスティクスとよばれるサービスが充実してきたことである．また，通信コミュニケーション手段の発達も追い風になっている．ロジスティクスの集約化・集中化によるベネフィットは，実は物理的な規模の経済性よりも，情報の集中化によるベネフィットの方が大きいといわれる．かつては情報やデータが実際に集まり補完される一定の場所が必要であったが，通信コミュニケーション技術の発達は情報のリモートアクセスを可能にした．拠点ごとに情報が分散していても，その拠点を結ぶ確実なコミュニケーション・ネットワークさえあればよいのである．実際に，EDI (Electronic Data Interchange) のような，企業の枠を超えたデータのやりとりがすでに始まっている．

　国際ロジスティクスはよりオープンなシステムに向かっているといえよう．これまで，グローバル企業のロジスティクスは，取引コスト論で議論されることが多かった．しかし現実には，これによって説明できない事例が多く報告されている．なかでもグローバル企業の戦略的提携は典型である．フォークナー (1996) は，部品の調達についてそれを自社で生産するか（内製）か，他の企業から購買して調達する（外注）か，それとも戦略的な提携を結ぶかの選択を，その活動における自社の相対的な競争力と活動の戦略的重要性で明示的に示した（図表7－2参照）．

　競争企業より自社の競争優位が大きく，かつその活動の戦略的な重要性が低くないときには自社内で内製した方がよい．戦略的に重要でないならば，競争会社より競争優位性が低い場合はもちろん，たとえ競争優位があったとしても外注を選択する．戦略的に重要度の低い部分に経営資源を投入するよりも，重

図表7－2　戦略的提携，外注，内製の決定因

その活動の相対的な自社の競争力

<table>
<tr><td rowspan="2">その活動の戦略的重要度</td><td></td><td>低</td><td>中</td><td>高</td></tr>
<tr><td>高</td><td>戦略的提携</td><td>投資と内製</td><td>内　製</td></tr>
<tr><td></td><td>中</td><td>戦略的提携</td><td>戦略的提携</td><td>内　製</td></tr>
<tr><td></td><td>低</td><td>外　注</td><td>外　注</td><td>外　注</td></tr>
</table>

出所）Faulkner, D.（1996：15）

要度の高い部分に傾斜配分するほうが資源を有効に活用することになるからである．他企業との戦略的提携が行われるのは，その活動の戦略的重要度がそれほど低くなく，しかしながらその分野における自社の競争優位性が高くない場合である．いずれにせよ，今後，国際ロジスティクスはよりオープンなシステムへと変容する傾向を指摘できる．

演・習・問・題

問1　戦略的な意図をもって価格設定をする際にベースとなるアプローチを3つに分けて議論しなさい．

問2　部品サプライヤーと完成品メーカーとの間で取引される部品や半製品の物流でミルクラン方式とVMI倉庫を組み合わせたロジスティクスを説明しなさい．

問3　3PL（サードパーティ・ロジスティクス）のベネフィットについて考えなさい．

参考文献

Cooper, J. (1995) "Logistics Strategies for Global Business," in S. J. Paliwoda & Ryans J. K., eds., *International Marketing Reader*, Routledge.

Fagan, M. L. (1991) "A Guide to Global Sourcing," *Journal of Business Strategy*, March-April.

Faulkner, D. (1996) *International Strategic Alliances : Co-Operating to Compete*, McGraw-Hill.

Kotler, P. and G. Armstrong (1989) *Principles of Marketing*, Prentice Hall. (和田充夫・青井倫一訳『新版マーケティング原理』ダイヤモンド社, 1995年)

Porter, M. E., ed. (1986) *Competition in Global Industries*, Harvard Business School Press. (土岐・中辻, 小野寺訳『グローバル企業の競争優位』ダイヤモンド社, 1989年)

阿保栄司 (1992)『ロジスティックス』中央経済社

江夏健一 (1988)『グローバル競争戦略』誠文堂新光社

茂垣広志・池田芳彦 (1998)『国際経営論』学文社

諸上茂登・藤沢武史 (1997)『グローバル・マーケティング』中央経済社

《 推薦図書 》

1. 小田部正明・クリスチアン・ヘルセン (2001)『グローバルビジネス戦略』同文舘

   国際マーケティング管理の標準的な内容を網羅している.

第III部
グローバル・マネジメント

- 第IV部 グローバルCSR
- 第I部 グローバル・ビジネスの基礎
- 第II部 国際競争戦略

国際経営
グローバル・マネジメント

第III部
グローバル・マネジメント
- 第8章 国際経営組織
- 第9章 海外子会社コントロール
- 第10章 企業のグローバル化と国際人的資源管理
- 第11章 多国籍企業と異文化マネジメント

第8章の要約

　海外に子会社を設立するようになると，それら海外子会社をどのように統括するかという問題が出てくる．この章では，まず，この海外子会社統括をどのように行うのかについてよりマクロ的な視点から考察する．その具体的内容は，国際経営組織のパターンと国際競争戦略のかかわりである．伝統的な戦略―組織の問題から国際競争戦略の視点を強調し，再度とらえなおすことによって，より現代の戦略と国際経営組織の関係について理解を深めることにする．初期の国内と海外を分離して海外子会社統括に当たる国際事業部から，より海外事業展開が進むにつれて，国内と海外を区別するというよりも国内市場も世界の市場の中のひとつであるとみなすグローバル構造へと進展する．しかし，このグローバル構造は企業と国際経営戦略によって異なる（世界的製品別事業部制，世界的地域別事業部制，グローバル・マトリックス構造）．とりわけ，企業の有する事業の国際競争戦略によって適する構造は異なってくる．すなわち，グローバルな統合を志向する世界的製品別事業部，現地適応化を志向する世界的地域別事業部制，両社のバランスを図るグローバル・マトリックス構造である．本章ではこれら戦略と国際経営組織の関係についてみていくことにする．

第8章　国際経営組織

1. 海外事業展開と組織

(1) 多国籍企業における分化―統合問題

　組織は，機能部門ごとにそれぞれの下位環境に対処できるように，機能を分化させ，そして分化された諸職能をその業界で競争上もっとも重要な問題に対処するために必要な相互依存性に応じて統合しなければならない．これが組織を設計する際の基本である．どのように組織ユニットを設定し（「分化」），それらユニット間をどのように「統合」するのか，という問題である．しかし，多国籍企業の組織の特徴は，海外に子会社（海外現地法人）を分散配置している国際的企業グループとして形成されたネットワークであることにある．国際経営（および国際ビジネス）の特質とは，国境を越えてビジネスを展開することにある．このことから，かなり独特な「分化―統合」問題が発生する．企業は，多国籍化が進行するとともに，海外に拠点を分散配置し，それぞれの海外子会社に異なる役割を与える．これは一種の「分化」(differentiation)である．これをどのようにして，どの程度「統合」(integration)するのかがコントロール問題になる．先にみた，内部ネットワークは，この分化と統合の程度によって特徴づけられるといえる．

　まず，どの程度統合するかという問題は，現地適応化という問題とからんでくる．現地適応化のためのオートノミーの必要性とそれに基づく現地子会社の発展可能性と，グローバルな効率性を追及する本社からのコントロールの間には，基本的にコンフリクトが生じる．機能的専門化から生じる分化に加えて，多国籍企業は，各海外子会社における独自の戦略を追及させるように導く利害や競争目標，環境からの異なる要求という形で遠心力が働きやすい．本社は，各子会社の独自の環境に適合するために必要な柔軟性を認めるが，その本社と海外子会社における種々のユニット間の重複とコンフリクトを最小化する統合のシステムを維持しようとする．問題の組織が多国籍企業である場合，地理的

および文化的距離により,その遠心力は国内的企業のそれよりも大きくなる傾向にあり,統合の問題をクローズアップする.海外子会社は,本国とは異なる文化,市場,慣習に十分対処できるよう分化され,オートノミーを与える必要があるが,この柔軟性は,多国籍企業全体としてのパフォーマンスに貢献するよう,その組織内で調整されねばならない.ここに国際経営管理における本社と海外子会社の関係のマネジメント問題がある.本章では,まず,経営組織という組織設計上の基本パターン(マクロ構造)について検討し,次の第9章において,海外子会社コントロールの面から考察する.

(2) 国際経営戦略と組織

国際経営における管理組織についての研究は,伝統的な「構造は戦略に従う」という有名なチャンドラー(A. D. Chandler Jr.)の命題から出発している.それは,国際成長戦略と組織構造の関係についての実証研究である.ハーバード大学多国籍企業研究プログラムは,この戦略と構造について多くの実証研究を提示した.ストップフォードとウエルズ(Stopford and Wells, 1972)は,1960年代に海外事業展開を行ったアメリカ企業を追跡調査し,国際成長戦略によって異なる組織構造を採用することを見出している(図表8-1).

まず,国際化の初期に共通してみられたのが,国際事業部の設置である.これは既存の事業部に海外事業を統括する部門を並置したものである.しかし,この国際事業部は国際化の初期にみられる過渡的な形態であり,別のよりグローバルな組織形態へと移行した.どのようなタイプの組織構造に移行するかは,その企業の採用した国際成長戦略によって異なっていた.国内事業が多角化している企業でも,その中の主力事業だけを海外に展開した企業は,世界的地域別事業部制を敷いた.国内での多角化した事業を海外でも行う成長戦略を採用すると,その企業は世界的製品別事業部制を採用した.さらに,彼の調査した企業のひとつは,地域別の構造と製品別の構造を同時にとるグリッド構造(グローバル・マトリックス構造)を採用していた.1社しか存在しないため,

図表 8 − 1　海外での売上比率，製品多角化度と組織構造

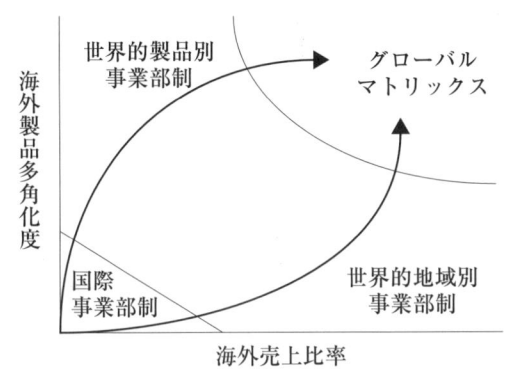

海外製品多角化度

世界的製品別事業部制
グローバルマトリックス
国際事業部制
世界的地域別事業部制

海外売上比率

出所）Stopford, J. M. and L. T. Wells（1972：63-65）に加筆

データでの証明はされなかったが，海外売上高比率が高く，海外での製品多角化度が上昇した場合にとる組織構造と予見された．

2. 国際事業部（海外事業部）

　海外進出における最初の大きな構造上の変化は，国際事業部（海外事業部）の設置である．すなわち，多国籍化の初期の段階に一般的にみられる構造である．基本的にこの構造は，国内部門に国際事業部が付加された形となる（図表 8 − 2）．日本企業の場合，伝統的に直接輸出を主要な海外市場へのアクセスの手段としていたが，その輸出を扱っていたのは輸出部である．海外事業とは輸出であり，その業務を行うのが輸出部であった．しかし，海外生産が開始されてくると輸出以外の海外生産に関わる知識やノウハウが現地生産会社から求められてくる．その結果，輸出部では対応できず，輸出，海外生産での技術援助，などで海外事業を一元的に管理する形で国際事業部が形成された．海外事業に関する権限と責任がこの国際事業部に付与され，海外子会社をコントロール下に置き統括するというのが基本型である．

　このような構造が国際化の初期に採用される理由には以下のようなことがあ

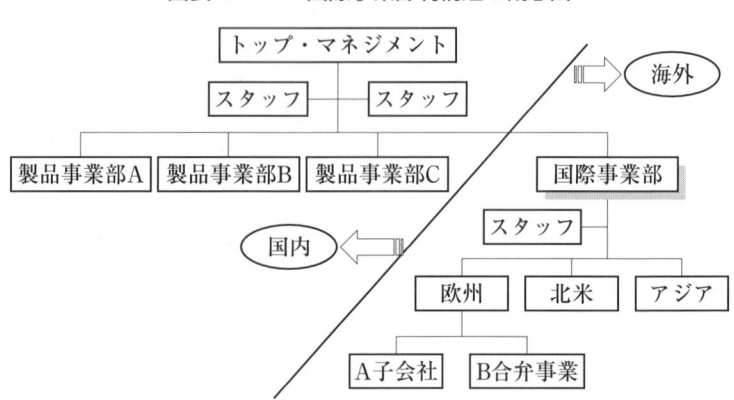

図表 8－2　国際事業部制構造の概念図

```
                    トップ・マネジメント
                  ┌─────┴─────┐
                スタッフ      スタッフ
       ┌──────┬──────┬──────┴──────┐           海外
   製品事業部A 製品事業部B 製品事業部C    国際事業部
                                            │
                国内                      スタッフ
                                   ┌────────┼────────┐
                                  欧州     北米    アジア
                                   │
                            ┌──────┴──────┐
                          A子会社     B合弁事業
```

げられる．

①　国際化初期における海外子会社の少なさ：国内部門（たとえば製品事業部）ごとに少数の子会社を海外に有しているとしても，海外売上高の少なさから部門責任者はどうしても国内中心的な志向が強くならざるを得ない．事業部制の場合，各事業部はプロフィット・センターとしてとらえられるためである．そのため，まだ売上や利益の小さい海外業務をどうしても軽視しがちになる．経営トップが海外展開を長期的に考えていても，各部門は短期的に国内事業への優先度を高めてしまう結果になる．

②　海外業務に関する経営資源のなさ：海外子会社を統括するには国内的管理とは異なる知識やノウハウが必要とされる．語学，貿易実務，通商関税法，外国為替，現地人事・労務管理関連知識などが必要とされる．これら知識・ノウハウを各事業部で独自に入手・蓄積することは，海外売上がまだ少ない初期段階では各事業部への負担が大きくなる．

③　設置のコストの問題：すなわち，海外業務を専門的に取り扱う部門を設置し，海外子会社をコントロールした方が管理費の点と海外統括の有効性が高くなる．海外売上がまだそれほどでない各事業部にとってそれぞれ海外業務を担当するセクションを設置することはコスト的にも合わない．しかし，各事業

部に関わる海外子会社をすべてあるユニットが統括するとなれば，それを専門に扱うセクションを維持できるだけの費用を賄うことができる．さらに自社に国際事業部を設けることは，海外事業が将来重要な柱であることを示すことにもなる．

④　国際事業部が海外活動を調整することによるメリットの存在：子会社間の輸出調整，海外子会社の資金調達での調整で大きな利益をもたらす場合である．

⑤　国際的な経験をもつ管理者，専門家の育成に役立つ

しかし，この構造は，本質的に国内と海外を区分し，経営に当たるというものであり，国際化の進展とともに，国際事業部が海外事業を一括して統括するには以下のような限界が生じてくる．

①　海外子会社の数と同時に地理的にも多様になってくると，国際事業部が管轄下にあるすべての子会社の状況や現地環境についての情報を収集し，分析し，適切な決定を迅速に行うことに限界が生じてくる．とりわけ多角化企業の場合には，その製品多様性から限界がある．

②　海外事業のウエイトが高くなるにつれ，国内部門との調整が重要な問題となる．その際，各子会社は，各製品や技術に関する専門的知識を有する国内の各機能部門や各事業部に依存したり，逆に国内の部門も海外子会社に製品や部品を依存したりするようになる．国内と海外の結びつきは相互依存性が強まり，より直接的なものになる．その結果，国際事業部を通さずにダイレクトに国内と海外の事業を連結させる動機が強くなる．構造的にももはや国内と海外を区分するという方法では対処できなくなる．

以上のような理由で，国際事業部制構造は，国際化の進展とともに次にみるグローバル構造に移行する．このグローバル構造は，「世界的地域別事業部制」「世界的製品別事業部制」と，両者を部分的に組み合わせた「混合型」，両者を完全に組み合せた「グローバル・マトリックス構造」の4つがある．

3. グローバル構造

(1) 世界的地域別事業部制

　この組織構造は，市場ニーズ，政治・経済体制および政府政策，社会・文化の諸条件が似通った国，あるいは地理的近接性に基づいて，世界をいくつかの地域に分割し，その地域ごとに業務全体にわたる責任をもつ地域担当者を配置する組織構造である．つまり，国際事業部が管理していた子会社を地域ごとに統轄するための事業部を設置し，権限―利益責任を与えるという構造である（図表8－3）．ここでは本国市場も世界市場の中のひとつの市場であるという位置づけがなされ，国内と海外という単純な区別をするものではなくなる．この構造の一番のメリットは，その目的である国や地域ごとの環境諸条件（市場ニーズ，政治・経済的，社会的諸条件）に合った，ないしはその変化に敏感に反応しやすい分権的な構造であることである．つまり，現地適応化には適した組織構造である．

　しかし，その反面，次のような問題点を包含している．

　① 製品ラインが多角化している場合，地域事業間でその多様な製品および製品ライン間の調整を行うのは困難である．各地域単位に大幅な権限を委譲しており，地域を越えて調整するには地域を越えたユニット（本社）がその調整

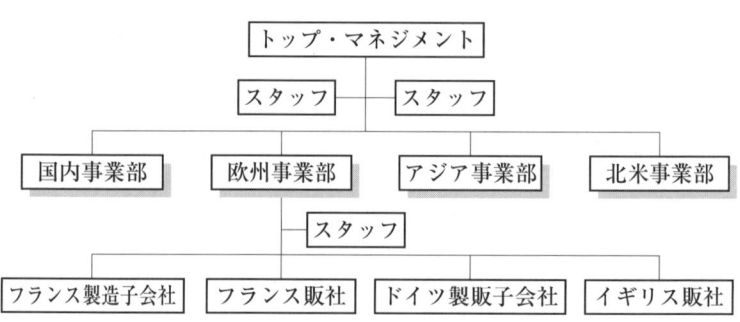

図表8－3　世界的地域別事業部制の概念図

```
                    トップ・マネジメント
                    ┌─────┴─────┐
                  スタッフ ── スタッフ
      ┌────────┬────────┼────────┬────────┐
   国内事業部  欧州事業部  アジア事業部  北米事業部
                    │
                 スタッフ
      ┌────────┬────────┼────────┬────────┐
  フランス製造子会社  フランス販社  ドイツ製販子会社  イギリス販社
```

に当たらねばならない．本社が集権化して調整しようとすると現地適応化のための分権的構造は崩れてしまう．多角化度が低く，少数の事業である場合には，まだ可能であるが，高度に多角化した企業がこの構造を採用すると，地域を越えた製品ラインごとの調整は複雑なものとなり，調整は高くなる．

② 高度に多角化し，多様な製品群を有すると，各地域事業部の担当者はそれら多様な製品群の製品・技術知識を必要とし，またそれぞれの製品群に関する市場情報を収集，処理し，的確な判断を行うことが必要とされるが，多角化が進めば進むほどそれは困難になる．

③ 経済性の問題が指摘される．現地適応化を図るため各地域事業部が自立的に行動を行うために多くの機能を擁するようになる．開発から販売までのワンセットの機能を有するようになり，自己完結性が高まる．そうすると同種製品に対する研究開発投資の地域間での重複ロスや，地域を超えた部品・製品の生産や調達でのグローバル最適化，経営資源の世界規模での共有化が阻害される危険性がある．

このため，この世界的地域別事業部制構造は，次のような特性をもつ企業に適している．

① 製品系列の数が少なく，あまり多角化が進んでいない企業（専業型・本業中心型企業）．
② 地域によって事業環境が大きく異なるという事業特性をもち，とくに国あるいは地域別の市場特性が重要な意味をもつ場合．
③ そのため世界規模で競争を展開するにあたって諸活動の配置を高度に分散し，しかも地域適応のために多くの活動をワンセットで地域に配置する必要性の高い事業に適している．

(2) 世界的製品別事業部制

世界的製品別事業部制は，製品系列ごとに事業部を形成し，その事業部単位に世界的視野に立って計画とコントロールを行う責任と権限を付与する組織構

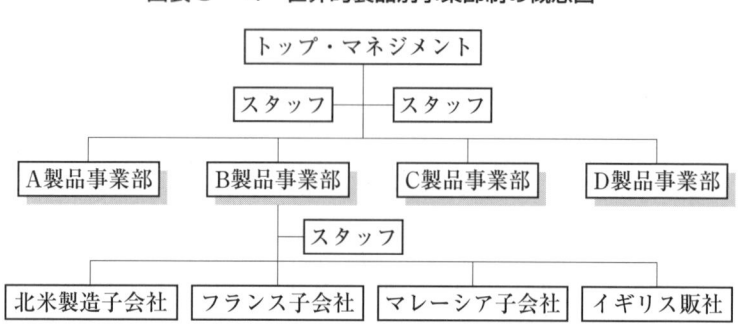

図表8－4　世界的製品別事業部制の概念図

```
                    トップ・マネジメント
                    ┌─────────┐
                   スタッフ ─ スタッフ
        ┌──────┬──────┼──────┬──────┐
    A製品事業部  B製品事業部  C製品事業部  D製品事業部
                    │
                   スタッフ
        ┌──────┬──────┬──────┐
    北米製造子会社 フランス子会社 マレーシア子会社 イギリス販社
```

造である（図表8－4）．この構造は以下のような特徴をもつ．

① 各製品事業部は，当該製品について国内・海外の事業活動を一元的に管理し，その世界的責任を負う．

② 個々の国や地域は，国内を含めて世界的事業の一部を構成するに過ぎない．

③ 製品ラインごとのその最適ロジスティクスの形成，国家特殊優位および企業内国際分業下での各国子会社の役割専門化による規模の経済性，というような経済効率性を高めるために高度に世界的に分散化した諸活動を統合する．

④ そのため意思決定の各世界的製品事業部への集権化が図られ，世界規模での合理化を追求する．逆にいえば，子会社の自主性は制限され，子会社へのコントロールは高まる．

⑤ その集権的性格ゆえに，事業に関する情報が一元的に伝達されやすく，たとえば国内での高度技術の海外移転には適している．

他方，この構造は，次のようなデメリットを有している．

① 各国や各地域内での製品事業部間の調整が困難である．ある国や地域内での製品事業部を越えた統一行動が取り難く，現地環境への一体となった取り組みが難しくなる．その地域についての各製品事業部間の調整が必要

となっても，事業部の数が多く，権限が製品事業部に大きく委譲されているほど，それは難しくなる．
② 現地適応化を阻害する．現地の環境について獲得した知識が製品事業部間で共有しにくいことや，本国にいる各事業部の意思決定者が多様な国や地域の情報を収集し，分析，理解し現地に合った意思決定を望むことは困難である．

したがって，この世界的事業部制構造は，以下のような企業や条件に適合するといえる．
① 事業部間の技術の独立性が高く，多様な製品系列を有する企業，すなわち多角化企業が世界市場で競争を展開する企業
② 製品に対する各国の市場ニーズが同質化しており，国や地域ごとに違いが少なく，同一製品ないし部分的修正製品で対応できる場合
③ 世界共通製品で高度な技術を必要とする製品を海外で生産する場合

(3) 混合型

以上，国際化の過程でみられる典型的な組織構造の展開についてみてきたが，現実的にはさまざまなパターンがみられる．というのは，複数の事業を営む多角化企業において，各事業の国際化の進展度が異なる場合もあるし，また，事業によってその特性が異なる場合もある．その場合，それぞれの組織構造を部分的に組み合わせた「混合型」構造が現れる．

たとえば，ある事業は世界の製品別事業部制の下で運営され，他の事業の海外業務は国際事業部の管轄下で行われるというパターンである．あるいは，世界的事業部制構造と世界的地域別構造では適する事業特性は異なる．世界的事業部制は，現地適応化よりも経済的効率性をグローバル規模で追求することが競争上の優位性にとって重要である事業に適しているし，逆に，世界的地域別構造は，グローバルな経済的効率性よりも現地適応性が競争上の鍵となる事業に適している．同一企業がこのような特性の異なる事業を営んでいる場合，世

界的地域別事業部と世界的製品別事業部で運営されるという組み合わせが生じる．これらが各組織構造の部分的組み合わせである「混合型」とよばれるものである．

4. グローバル統合化と現地適応化の構造的バランス

(1) グローバル・マトリックス構造

　世界的地域別事業部制と世界的製品別事業部制ではそれぞれ強調するところが違い，異なるメリット・デメリットを有している．企業はそれぞれ自社の事業特性に合った構造を選択することになる．しかし各事業を取り巻く環境はそれほど単純ではない．現実に，「現地適応化だけが重要である」あるいは「グローバルな経済効率性だけが重要である」という事業は少数である．程度の差はあれ，現地適応化もグローバルな効率性も求められているのが現実である．

　このような国際環境の変化や，現地適応化とグローバルな効率性という双方の要求を同時に満たすために考案されたのがグローバル・マトリックス構造である．典型的には，製品別と地域別の2つのラインによって多軸化された多重構造になる（図表8-5）．各国の子会社は，製品担当マネジャーと地域担当マネジャーの双方から指令を受け，双方に対して報告義務を負うことになる（国内組織においても，機能部門と製品事業部のマトリックス組織が存在する．ここでは，国際経営組織におけるマトリックス組織であり，その意味でグローバル・マトリックス構造と名づけられている．さらに，このグローバル・マトリックス構造には，地域，事業に加え，機能部門を含めて，3次元マトリックス構造を採用した企業もある）．

　このグローバル・マトリックス組織では，国や地域を超えて活動をグローバルに統合する場合には，製品事業の担当者が指揮権を発動する．これによって各拠点をグローバルに統合することによって効率性や経済性を高めようとする．これに対し，現地適応化が必要な場合や，ある地域でのキャンペーンなど統一行動が必要とされる場合には，地域担当のマネジャーが指揮をとる．このよう

図表8-5 グローバル・マトリックス構造の概念図

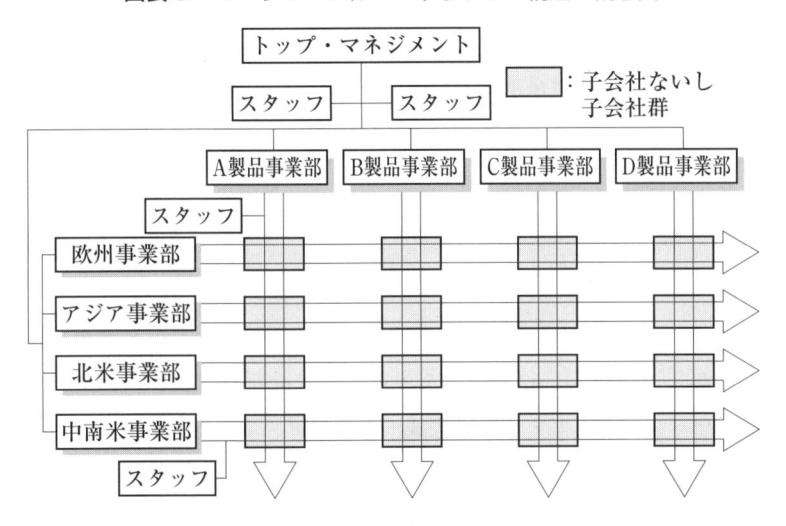

に，2系統の司令ラインをもつことにより，グローバル統合と現地適合の同時達成を図ろうとしたものである．

　しかし，マトリックス組織は，よくいわれるように指揮・報告系統の多重化，複雑化により混乱が生じ易い．たとえば，アジアにある製品事業部Aに属する子会社のメンバーは，アジア担当者マネジャーと製品事業部Aからそれぞれ相矛盾する司令がきた場合，どちらの司令に従うのか．このことは，その子会社のみならず，その製品別担当マネジャーと地域担当マネジャーの間の権限争いをも引き起こす可能性がある．このような混乱を回避するためには，製品別と地位別の担当マネジャーが密接に調整することが必要となる．しかし，事業の数が少なく，地域的にも限定されている場合には，調整も可能であるが，事業が多く，多くの地域に事業を展開するにつれ，そのための調整コストは高くなる．

(2) 地域統括本社

　以上概観してきた国際経営組織は，マクロ構造としての本国本社の部門編成である．これに対し，地域統括本社（regional head quarter：RHQ）は，北米，欧州，東南アジアなど企業の主要活動地域に設立された本社機能を有する子会社ということになる．この地域統括本社の設立の背景には，次の２点があげられる．第１は，海外事業展開で各地域内に多くの子会社を設立したことから，それら子会社を統括する必要性が認識されたことである．第２には，EU，NAFTA，AFTAなど地域単位での自由貿易圏が形成されたことである．これらのことから，1980年代から世界を主要地域に分割し，世界三極体制あるいは四極体制として各主要地域単位で統括することの有効性が認識され，それぞれの地域で子会社を統括するための組織として地域統括本社を設立していった．

　このようにみると世界的地域別事業部制構造に似ているが，地域別事業部制は，本国経営組織の部門編成であるのに対し，地域統括本社は，その当該地域内に設置されている点が異なる．したがって，本国経営組織が機能別組織や製品別事業部制組織がとられている場合，その本国経営組織と地域統括本社というマトリックス的運営となり，それらの間での調整が必要となる．この調整でポイントとなるのが，地域戦略である．製品や各機能レベルでどの程度現地（地域）適応化が必要なのかによって地域統括本社の権限や機能が異なる．そのため，地域統括本社といっても地域特殊性の違いや業界や製品属性（グローバル製品かマルチドメスティック製品か）によってその役割が異なる．たとえば，経済統合が進んでいるEUでは，域内での自由貿易と統一通貨ユーロの導入により，各国間でのモノの移動が容易となり，そのため，物流の集約化（たとえば配送センターや倉庫の集約化）が加速化され，地域統括本社で域内物流の一括管理を行う企業が増加した．グローバル業界においては，製品戦略は基本的に本社製品事業部が決定権限を有し，地域統括本社は，地域での適応化が必要な販売面やサービス機能（人材開発や法務関係など）に限定される場合が多い．このような場合，地域統括本社を設立するのではなく，地域内のある子

会社にその機能を付与するケースもある．実際にも，日本企業の多くの地域統括本社は，地域内での機能の集約化という業務上の統括が多い（OHQ：operational headquater）．そのため，地域統括本社の役割は，地域適応と世界的統合のバランス（地域間の相互依存性），傘下子会社間の相互依存性によって大きく異なるといえる．

演・習・問・題

問1　日本企業はなぜ国際事業部（海外事業部）構造を設置している期間が欧米系企業よりも長いのだろうか．

問2　日本企業は国際経営上マトリックス的経営を行っているケースが多いが，ビジネスと地域の間の調整をどのようにとっているのだろうか．

問3　地域統括本社の機能や役割の変遷について，具体的な企業を例に調べてみよう．

参考文献

Stopford, J. M. and L. T. Wells (1972) *Managing the Multinational Enterprise*, Basic Books.（山崎清訳『多国籍企業の組織と所有政策』ダイヤモンド社，1976年）

《推薦図書》

1. 森樹男（2003）『日本企業の地域戦略と組織』文眞堂
   日本企業の地域統括本社の機能と役割についての実証的文献．
2. 高橋浩夫（1991）『グローバル経営の組織戦略』同文舘
   地域本社を中心にケースが豊富な書．

第9章の要約

　多国籍企業における経営管理，すなわち国際経営管理においては，国内のそれとは異なり，海外の多くの子会社を有機的に連結し，企業全体の目的，すなわち利益の最大化を目的として経営管理活動を行うという意味で，より複雑な問題が提起される．前章で検討した国際経営組織は，海外子会社を統括する指揮命令系統を示すものであり，海外子会社を統括するためのマクロ構造である．しかしながら，大規模化し，また程度の差はあれさまざまな側面で現地適応化を必要とする多国籍企業においては，多様なコントロール方法を用いて海外子会社を統括する．また，海外子会社といってもその規模や事業内容や課せられている役割はさまざまであり，それらを一律的なコントロール方法で統括することはできない．本章では，海外子会社をコントロールする代表的な方法を解説し，どのような状況においてどのようなコントロール方法が適しているのかについて考察する．

第9章 海外子会社コントロール

1. 多国籍企業のネットワークと国際経営管理

(1) 子会社属性と多国籍企業の内部ネットワーク

　この拠点間マネジメントの仕組みを考える際に，考慮すべきことはその交換ネットワークにおける本社と海外子会社の特性である．ある海外子会社をどのように統括，コントロールするのか．たとえば，単純な例を考えてみよう．新規設立間もない海外子会社は，本社に戦略的に重要な経営資源を本社に大きく依存せざるを得ない．生産子会社（工場）であれば，生産技術，品質管理に関する知識やノウハウなどである．この場合，その子会社は，資源の交換関係において本社に大いに依存することになる．この依存関係によって，海外子会社は本社の指揮の下に現地での生産活動を行うことになる．このように，新設の子会社をコントロールし，経営資源の移転を行い，本社の指揮の下で現地での生産活動を行うことになる．他方，たとえば買収によって異業種に進出した場合（海外での多角化），本社とのビジネスを異にし，しかも自前の経営資源を既に有しているために，本社に対する資源依存はなく，むしろ独自資源の存在により，より大きなオートノミー（自由裁量権）を有する可能性が高い．

　さらに，海外子会社といっても，その有する機能（販売，生産，開発機能など）は多様であり，また，第2章でみたように，海外子会社の設立形態や所有形態も一律ではない．したがって，海外子会社の内部ネットワークにおけるポジションと海外子会社属性（機能，設立・所有形態）によってコントロール方法がどのように異なるのかを理解する必要がある．

　考慮すべきもうひとつの特性は，本社を含めた他拠点とのその子会社の関係性である．上の例での経営資源を含め，製品や部品を含めた交換関係である．たとえば，マレーシアにあるA子会社が中国にあるB子会社から部品を輸入し，それを組み立てて日本本社へ輸出しているとすると，日本での販売計画，中国B子会社での部品の生産計画とマレーシアの組立工場であるA子会社の

生産は，綿密に調整されなければならない．そうしないと，仕掛品の在庫が滞留したり，あるいは逆に不足したりし，日本での販売計画に影響を与えてしまう．したがって，このように他の拠点との製品のやり取りが多く，調整が必要となる場合には，それら子会社は自身の都合だけで活動をすることは制限されることになる．このように，拠点間のマネジメントを考える場合には，その製品や部品あるいは経営資源の交換関係，相互依存関係の視点から分析する必要がある．

(2) 海外子会社の外部ネットワーク

多国籍企業内部のネットワークに加え，海外子会社が相互作用しなければならない多くの外部アクターが存在する．たとえば，サプライヤー，顧客，現地政府機関，あるいは現地での競争企業である．もちろん，それら外部アクターとの相互作用の強さは，その子会社の役割や現地環境によって大きく異なっている．たとえば，現地調達部品に関するローカル・コンテンツ規制がかかっていれば，現地サプライヤーとの関係構築は必要となるが，その子会社が生産した部品ないし製品の多くが，他の拠点への輸出であれば，現地の顧客というのは希薄化する．現地販売が中心であれば，その顧客との相互作用は不可欠かつ重要なものとなる．さらに，海外子会社が相互作用する外部アクターが現地環境に留まるとは限らない．国境を越えた調達や販売は，海外子会社の外部ネットワークの広がりを意味する．多国籍企業は，分散配置した拠点間での国際的内部ネットワークと外部アクターとの外部ネットワークが錯綜した複雑なネットワーク構造となる．ここに多国籍企業における国際経営管理の問題が存在する（図表9－1）．

以上のようなことを考えれば，多国籍企業が海外子会社をコントロールする際に考慮すべき要因は多様であり，それら要因が複雑に絡んでくる．海外に異なる機能，役割を有する子会社を多数，分散配置している企業にとって，これら拠点間のマネジメント能力，調整能力は，戦略を遂行するための必要条件と

図表9－1　国際経営管理の主要領域

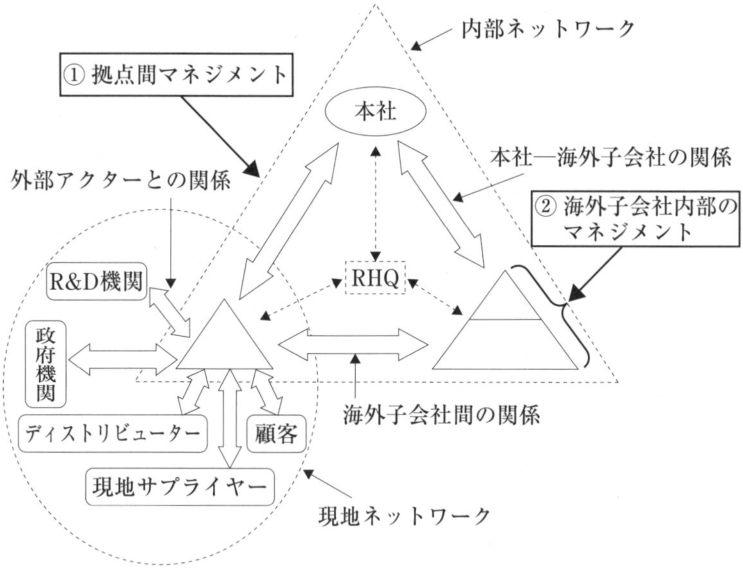

- ① 拠点間マネジメント
- 内部ネットワーク
- 本社
- 本社―海外子会社の関係
- 外部アクターとの関係
- ② 海外子会社内部のマネジメント
- R&D機関
- RHQ
- 政府機関
- ディストリビューター
- 顧客
- 現地サプライヤー
- 海外子会社間の関係
- 現地ネットワーク

RHQ：地域統括本社

なる．

2. 海外子会社コントロールの多様性

　海外子会社のコントロール方法については，いくつかの分類がなされている．本社から海外子会社へ管理者を派遣して，直接現地マネジメントを指揮するという直接的コントロールと，たとえば，成果によって評価し，海外子会社をコントロールする間接的コントロールに分けて考えることができる．ちなみに，日本企業は，海外子会社コントロールの特徴として，この直接的コントロールが指摘されている．ここでは，海外子会社の属性やネットワーク関係がコントロール方法にどのような影響を与えるかという点で，国際経営管理の調査で用いられている3つの方法，すなわち，「集権化」「公式化」「社会化」について実態調査を踏まえて考察する．

(1) 集権化によるコントロール

　集権化とは，権限の集中化という指標で測定される．一般的に集権化は，ある決定が組織階層の上位レベルで行われる程度によって測定される．これを援用すれば，意思決定プロセスにおいて，重要な戦略的および政策の決定のほとんどを本社によってなされている状況を集権化していると考える．本社が決定したとおりに海外子会社が活動しているかを継続的にモニタリングする必要はあるが，他のコントロール方法に比べ，費用のあまりかからないコントロール方法である．しかし，その集権的性格ゆえに，海外子会社の現地化のレベルは低く，現地環境への適応が不十分になり，現地環境を十分に捕捉して意思決定を下すことは困難になる．このような集権化の基盤となっているのは，パワーの源泉としての戦略資源の本社への集中である．戦略的に重要な資源の本社への偏在により，子会社に対するパワーが発生する．つまり，海外子会社が必要な資源を欠如しており，本社に依存すると，本社による子会社へのパワー行使が容易になる．そのパワーを背景に集権的な意思決定が容易になる．

(2) 公式化によるコントロール

　公式化は，政策，ルール，職務記述書等々がマニュアルおよびその他のドキュメントで書き留められている程度を指し，通常，文書化の程度で測定される．公式化に基づくコントロールは，文書化とルールに基づく行動を余儀なくさせることから，官僚制的コントロールともよばれる．しかし，報告関係や権限規定，職務分掌規定などが明確にされていることから，経営の不透明性はなくなる．また，この公式化を進めることにより，さまざまな知識やノウハウが形式知化される（すなわちマニュアル化される）ことにより，本社の資源を海外子会社へ効率良く移転するためにはかなり優れた面を有しているとも指摘されている（Bartlett and Ghoshal, 1989）．しかし，公式化は，意思決定のルーチン化をもたらし，比較的費用のかからない管理メカニズムであるが，それが創り出す潜在的慣性があり，変化している環境条件への迅速な適応に対する限界

がある．さらに，この公式化が本社や子会社内部に特有なものではなく，本社と海外子会社で共通している場合，ここでは「標準化」と名づけておく．つまり，ここでの標準化は，多国籍企業としての全社的な公式化の共通性の程度であり，手続きおよびルール等の標準化の意味で使用する．組織規模の拡大と職務の多様性が進むにつれ，トップがすべてを把握し，コントロールするという集権化は困難となり標準化を促進するが，逆に，企業を取り巻く環境の異質性の増大は，標準化を阻害するといわれている．

(3) 社会化によるコントロール

　社会化とは，ある社会（家族や共同体，組織，地域，国など）における規範や価値を個人に浸透させ，内面化することを指している．企業レベルで経営理念やビジョンを中核とした規範や価値を個々人が受け入れることによって，メンバーが一致団結し，ある方向に向かって協力しあうというように，組織メンバーの行動を内発的にコントロール（安室）する方法である．組織文化論あるいは企業文化論でいわれる共通化された価値による規範的統合である．この社会化による統合は，期待や物事をいかに行うかについての世界規模での統一性に寄与し，コーポレート・アイデンティティ，一体感を醸成し，共通の決定前提（価値前提）を形成する．この社会化による調整は，集権化による本社過剰負担という問題と，公式化の柔軟性を克服するという点で魅力的であるが，その大きな欠点はそのコストである．多国籍企業における社会化プロセスは，管理者や従業員の教育（人材育成）や国際的異動（派遣）に大きく依存し，それらの費用は大きなものとなる．しかし，本社・子会社間や子会社間の相互依存状況が高まるにつれ，派遣者の情報収集あるいは（相互）派遣による情報ネットワークの形成が調整に大きな役割を果たす．それら双方向の異動は，情報ネットワークを拡大し，その中で多元的なコンタクトを開発し，一種のインフォーマル組織を開発する．そのインフォーマル組織を通じて派遣者は連結ピンの役割を果たすことができる．このように，異動プロセスは，調整とコント

ロールに利用できる国際的な対人的情報ネットワークを創り出す．また，国際的なプロジェクトチームの編成や，共同プロジェクト，委員会等は，そのような人材交流の場を提供するという意味で，同様の機能を果たすと考えられる．そしてこれら積極的な人材交流は，中核的な価値の共有に寄与すると考えられる（茂垣，1996）．

3. 海外子会社コンテクストとコントロール

　先にみたように，子会社の属性や外部および内部ネットワークで果たすべき役割によってコントロール方法が異なるように思われる．そのような海外子会社の置かれた状況，すなわち，海外子会社コンテクストによってどのようにコントロール方法が異なるのかを検討してみよう．

(1) 海外ビジネス形態と海外子会社コントロール問題

　ネットワークとして多国籍企業をとらえるならば，国際経営管理はどのようになるだろうか．先にみたように，本社から海外子会社にどの程度分権化するかに関しては，多様な要因がかかわっている．ここでは，①現地市場対応の必要性，②設立方式，③多国籍企業内部で果たす役割に整理して考察する．

　まず，海外子会社に分権化し，事業活動の現地化を進める要因としては，現地市場への適合である．現地で売上を増やすために，現地市場の求めるものが，本国市場とは異なっている場合，その要求に応えるための的確な意思決定が必要となる．その際，現地市場に精通し，情報を入手でき，その市場の要求に素早く答えることが求められる．それを遠く離れ，現地の状況を十分に判断できない本国で行うことは，スピードの点でもその決定の有効性も疑問視される．そのため，分権化が必要な機能になされることになる．それをデータで確かめてみる．たとえば，現地市場ニーズが異なるほど，その海外子会社が取り扱う製品属性は他の拠点の製品とは異なるだろう．そこで，現地で扱っている製品が，世界共通性の高い製品であるのか，それとも特定国向けで共通性が低い製

図表9－2　製品の世界的共通性とコントロール

機能	構成部品／付属品の世界的共通性		t検定 P値
	高い	低い	
集権化			
マーケティング	20.9	1.08	0.078
生産	2.23	1.89	0.042
製品開発	3.39	2.93	0.027
公式化			
マーケティング	2.68	1.97	＜0.001
製品開発	3.58	2.58	＜0.001
生産	2.77	2.21	0.006
技術開発	3.61	2.85	＜0.001
管理者マニュアル	2.63	2.23	0.041
社会化			
経営理念の共通性	3.85	3.49	0.059
組織文化の共通性	3.32	3.00	0.025

備考）5ポイント尺度測定での平均値．得点が高いほど集権化，公式化，社会化の程度が高い．10%水準以下で優位が認められた機能のみを表示．サンプルは日系海外製造子会社253社のデータ．
出所）茂垣（2001b）

品であるのかどうかによって，現地への分権化がどのような機能で異なるかを調べたのが，図表9－2である．これをみると，製品属性としてその世界的共通性が低いと回答した海外子会社は，製品市場にかかわる製品開発，マーケティング，生産計画において相対的に分権化されていることがわかる．

　次に，第1章で述べられている海外子会社の設立方式（出資をともなわない技術・生産・販売等の契約設定を除く，「新設」「買収」「合弁事業」）が，現地への分権化にどのように影響を与えるのか見てみよう．そこで海外子会社の設立形態を，完全所有子会社と合弁事業形態に分け，さらに完全所有子会社を新設の子会社群と買収による子会社群に分けることにより，それらのグループ間での差異の有無をみたのが図表9－3である．合弁事業の場合，複数の親会社が出資し，経営に参加することにより，たとえば，日本企業と現地企業が出資した場合，日本側親企業が集権的に意思決定することは難しくなる．したがって，合弁事業の場合，コントロールの問題や出資親会社間での重要決定に関する調整が必要となる．また，同じ完全所有であっても，新設と買収による場合

図表９－３　設立形態別コントロール比較

設立形態 機能等	合弁 (a)	100% 出資 新規設立(b)	100% 出資 M&A (c)	ANOVA p値	Fisher's PLSD （ペア比較）
集権化					
マーケティング	2.06	2.35	1.78	0.069	a-b*, a-c*, b-c***
生産	2.02	2.32	1.84	0.056	a-c*, b-c**
技術開発	3.62	3.99	3.04	0.006	a-b*, a-c*, b-c***
製品開発	3.12	3.52	2.56	0.005	a-b**, a-c*, b-c***
公式化					
技術開発	3.35	3.76	3.48	0.082	a-b**
製品開発	3.42	3.86	3.32	0.046	a-b**, b-c*
生産	3.46	3.94	3.61	0.008	a-b***
管理者マニュアル	3.18	3.53	3.64	0.059	a-b**, a-c*
社会化					
経営理念共通性	3.50	3.85	3.44	0.098	a-b**
組織文化共通性	2.28	2.82	1.80	<0.001	a-b***, a-c*, b-c***
管理者行動規範	2.46	2.80	2.16	0.014	a-b**, b-c**
従業員行動規範	2.08	2.39	1.88	0.029	a-b**, b-c**

備考）＊10%水準，＊＊5%水準，＊＊＊10%水準で有意．他は図表９－２と同じ
出所）茂垣（2001a）

では，本社の集権度が異なっている．買収による進出の方が，技術研究，製品開発，マーケティング，生産，人事の分野で新設よりも本社集権度が低く，より分権的になっている．しかも，技術開発と製品開発というR&D関連の領域では，合弁事業よりも分権的であるという結果になっている．さらに，買収の場合，買収以前の経営システムや経営慣行を有しており，企業文化および管理者の行動規範での本社との共通性が低く，買収後のマネジメントの難しさを物語っている．

　第３の要因は，その海外子会社が多国籍企業内で果たす役割である．海外子会社といっても，その役割は多様である．現地での販売だけを担う子会社もあれば，生産を担当する子会社，あるいは生産と販売の両方を行う子会社もある．生産子会社だけをみても，一部の工程だけを担当する場合もあれば，現地一貫

生産の子会社もある．さらには，海外に研究開発拠点や金融子会社を設立している企業も少なくない．本社集権化と海外子会社への分権化という議論に照らせば，それら海外子会社がどの程度多国籍企業内部のネットワークに組み込まれているのか，あるいはどの程度現地環境におけるネットワークに組み込まれているのかが影響すると考えられる．

　そこでここでは，生産子会社に限定し，原材料・部品の主な調達先（現地調達か輸入か）とそこで生産した部品あるいは製品の主な販売先（現地販売か輸出か）によってどのように異なるのかをみてみよう（図表9－4）．まず，現地調達率の高い子会社と低い子会社のグループに分け，それらの間で本社の集権度にどのような違いがあるのかをみると，部品調達に関わる技術研究，製品開発，生産の分野で，現地調達率の高い子会社の方が，低い子会社よりも相対的に分権化されている．このことは，現地で調達できる部品を前提にした開発・設計が必要になり，その結果，技術研究，製品開発，生産の各機能での分権化が促進されると考えられる．このことから，現地政府によるローカル・コンテンツ（現地部品調達率）規制の存在は，現地サイドへの分権化を即す要因と考えられる．逆に，他国からの原材料および製品の調達は，他の拠点（日本を含む）との調整や国際調達センターでの調整を必要とし，分権化を促進しない．

　次に，同様に販売先（現地販売比率が高い子会社と輸出比率が高い子会社）の相違について検討してみると，現地販売が主たる目的である場合，マーケティングを中心にして，製品開発，生産という機能に関しては，現地マーケット対応の必要性から分権化されることが予想される．他方，他の国での販売目的の場合，製品開発や生産計画を立てるにあたっては，その仕向け地の拠点との調整が必要になり，その結果，分権化は制限されると考えられる．図表9－5をみると，それらの仮説は支持されている．現地販売比率が高い子会社は，輸出比率が高い子会社に比べ，マーケティング，製品開発，生産計画でより分権化されている．これらの結果から，次のようなことがいえよう．すなわち，現地対応が必要なほど，それに関わる機能面での分権化が促進されると．現地

図表9-4　現地調達率によるコントロールの相違

機能等	現地調達率		P値
	高い	低い	
集権化			
技術研究	3.10	3.91	<0.001
製品開発	2.62	3.42	<0.001
生産計画	1.90	2.08	0.095
公式化			
技術開発	2.86	3.43	0.008
製品開発	2.67	3.28	0.003
生産	2.06	2.71	0.002
財務	2.28	2.65	0.087
管理者マニュアル	2.04	2.57	0.009
社会化			
経営理念共通性	3.32	3.75	0.029
組織文化共通性	1.98	2.61	<0.001
管理者行動規範	2.11	2.72	<0.001

図表9-5　現地販売比率によるコントロールの相違

機能等	現地販売比率		P値
	高い	低い	
集権化			
マーケティング	2.32	2.68	0.029
製品開発	2.99	3.46	0.015
生産	1.95	2.28	0.025
公式化			
管理者マニュアル	2.25	2.55	0.058
社会化			
組織文化共通性	2.27	2.68	0.007
管理者行動規範	2.24	2.94	<0.001
従業員行動規範			

備考）図表9-2に同じ
出所）茂垣（2001a）

　環境におけるネットワークに組み込まれているほど，分権化は進む．逆に，本社を含む他の拠点との相互依存関係が強いほど，拠点間の連携が必要とされ，分権化は抑制される．

4. 多国籍企業における分化―統合

　ここまでみてきた多国籍企業としてのネットワークは，海外に拠点を分散配置することから生じる．組織論的にいえば，どのように組織ユニットを設定し（「分化」），それらユニット間をどのように「統合」するのか，という問題である．すなわち，組織は機能部門ごとにそれぞれの下位環境に対処できるように，機能を分化させ，そして分化された諸職能をその業界で競争上もっとも重要な問題に対処するために必要な相互依存性に応じて統合するという考え方である．さらに，国際経営（および国際ビジネス）の特質とは，国境を越えてビジネスを展開することにある．このことから，かなり独特な「分化―統合」問題が発生する．企業は，多国籍化が進行するとともに，海外に拠点を分散配置し，それぞれの海外子会社に異なる役割を与える．これは一種の「分化」(differentiation) である．これをどのようにして，どの程度統合するのかがコントロール問題になる．先にみた，内部ネットワークは，この分化と統合の程度によって特徴づけられるといえる．

　まず，どの程度統合するかという問題は，現地適応化という問題とからんでくる．現地適応化のためのオートノミーの必要性とそれに基づく現地子会社の独自の発展可能性と，グローバルな効率性を追及する本社からのコントロールの間には，コンフリクトが生じやすい．機能的専門化から生じる分化に加えて，多国籍企業は，各海外子会社における独自の戦略を追及させるように導く利害や競争目標，環境からの異なる要求という形で分裂的になりやすい状況におかれる．本社は，各子会社の独自の環境に適合するために必要な柔軟性を認めるが，その本社と海外子会社における種々のユニット間の重複とコンフリクトを最小化する統合のシステムを維持しようとする．問題の組織が多国籍企業である場合，地理的および文化的距離により，その遠心力は国内的企業のそれよりも大きくなる傾向にあり，統合の問題をクローズアップする．海外子会社は，本国とは異なる文化，市場，慣習に十分対処できるよう分化され，オートノ

ミーを与える必要があるが,この柔軟性は,多国籍企業全体としてのパフォーマンスに貢献するよう,その組織内で調整されねばならない.

そこから,内部ネットワークの認識が必要となる.多国籍企業は,その定義からして国際的に拠点を分散化しているが,さらに,先にみたように,子会社によって異なる事業内容,果たすべき役割や機能によって分化されている.この分散・分化の結果,多国籍企業はユニット間(本社―海外子会社間,海外子会社間)での交換関係において多くの異なる種類と程度の依存性および相互依存性が国境を越えて生じることになる.このように多国籍企業の構造は,異なるタイプの関係を通じて結び付けられた資源から構成されるネットワークとして理解される.海外子会社は,異なる役割を有するとともに異なる資源を有し,子会社の内部構造も異なっている(子会社内部で分化した構造).地理的な資源分散とそれにともなう役割と資源の相違により本社と各海外子会社は,それぞれ本社との独自の関係をもち(本社と海外子会社間での分化した関係),子会社間の関係もそれぞれ子会社間で異なるものとなる.このことから,本社―海外子会社間関係は一律的なものではないことが示唆され,海外子会社コントロールの方法もまた一律的なものであるわけではなく,多様なコントロール方法の組み合わせによって多国籍企業はマネジメントされているのである.

演・習・問・題

問1 経営理念を海外子会社に浸透させるにはどのような方法があるだろうか.
問2 買収による設立形態の場合,組織文化の違い以外に,経営資源の観点からコントロールしにくい要因を検討してみよう.
問3 ポーターのいうグローバル戦略とマルチドメスティック戦略では海外子会社の分化―統合の仕方はどのように異なるのか考えてみよう.

参考文献

Bartlett, C. A. & S. Ghoshal (1989) *Managing Across Borders*, Harvard Business School Press.(吉原英樹監訳『地球地場時代の企業戦略』日本経

済新聞社, 1990年)
茂垣広志 (1996)「グローバル調整戦略」根本孝・諸上茂登編著『グローバル経営の調整メカニズム』文眞堂
茂垣広志 (2001a)「海外子会社コンテクストと本社—子会社関係」『横浜国際社会科学研究』第6巻第3号
茂垣広志 (2001b)「海外子会社属性と調整メカニズム」『横浜経営研究』Vol. 22, No. 4
山倉健嗣 (1993)『組織間関係—企業間ネットワークの変革に向けて』有斐閣

―――《 推薦図書 》―――

1. 根本孝・諸上茂登編著 (1996)『グローバル経営の調整メカニズム』文眞堂
   機能別や戦略による拠点間の活動の調整方法についての実証研究.
2. 茂垣広志 (2001)『グローバル戦略経営』学文社
   日本企業の海外子会社統括の特徴について記述.
3. 根本孝・テレフォス吉本容子 (1994)『国際経営と企業文化』学文社
   企業文化が国際企業において果たす役割を解説.

第10章の要約

　今日，経済のグローバル化は拡大の一途をたどっている．国境を越えて活動する多国籍企業は，この主な牽引（けんいん）役であり，多国籍企業の活動も年々活発化している．このような多国籍企業による人的資源管理の国際的展開が国際人的資源管理（International Human Resource Management）である．本章では，この国際人的資源管理の諸問題について検討していく．1.では，まず国際人的資源管理の枠組みについて明らかにする．つづく2.では，企業のグローバル化を段階別に区分して，各段階における国際人的資源管理のありかたについて概説する．日系多国籍企業の海外展開を特徴づける要素の1つとして，海外拠点における人的資源の管理体制があげられる．わが国多国籍企業独特の人的資源管理に関する優位性はどこにあるのであろうか．また，解決すべき課題とは何か．3.では，現状分析に基づいて，日系多国籍企業の抱える国際人的資源管理の問題点を究明する．4.では，国際人的資源管理を構成する主要領域の中で，海外派遣者問題と海外拠点における危機管理対策に焦点を絞って，それらの概要について論述する．

　なお，国際人的資源管理の重要課題である異文化マネジメントについては，次章第11章において別途論じることにする．

第10章　企業のグローバル化と国際人的資源管理

1. 国際人的資源管理とは

　経済のグローバル化の進展とともに，その主な担い手である多国籍企業の活動も急激に活発化している．この多国籍企業による人的資源管理の国際的展開を国際人的資源管理（International Human Resource Management）とよぶ．

　人的資源管理（Human Resource Management）とは，経営者がヒトという経営資源に対して実施する諸方策の総体である．この人的資源管理に「国際」を加えた国際人的資源管理という用語が国内企業の人的資源管理と区別され，取り扱われるようになったのは，1980年代以降のことである．1960年代の終り頃から，世の中には企業活動を国外に拡大させる企業が徐々に出現するようになったが，そのような企業の大半は既存の人的資源管理の枠組みでは対応しきれない問題を数多く抱え込むようになった．海外での事業拡大を目指す企業にとっては，これら諸問題の解決は不可欠であり，国内企業の人的資源管理とは別のフレームワークの形成が肝要である．このような事態をうけて，1980年代半ば以降，多国籍企業におけるヒトの管理は，これを体系的に示す新しい枠組み「国際人的資源管理」で把握されるようになったのである．

　それでは，国内企業の人的資源管理と，多国籍企業の展開する国際人的資源管理では，どこが異なるのであろうか．まずは，両者の違いを明らかにすることで，国際人的資源管理の枠組みをみていきたい．

　人的資源管理であれ，国際人的資源管理であれ，その目的は同じである．すなわち，働く人の「秩序の安定・維持」および「労働意欲の向上」という手段目的と，労働力の効率的な利用という直接目的，の2つがある．また，国際人的資源管理は，人的資源管理の国際的な展開であり，その本来の職能をすべて果たす．しかし，国際人的資源管理は，これに加えて，それが実施される場が諸地域・国にわたるために，国内企業の人的資源管理にはない職能をも果たすことになる．

図表 10 － 1　国際人的資源管理モデル

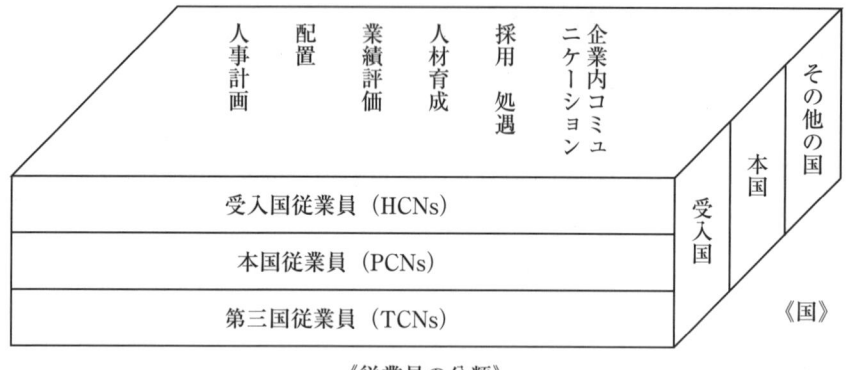

《人的資源管理の諸機能》：企業内コミュニケーション、採用・処遇、人材育成、業績評価、配置、人事計画

《従業員の分類》：受入国従業員（HCNs）、本国従業員（PCNs）、第三国従業員（TCNs）

《国》：受入国、本国、その他の国

出所）Morgan, P. V. (1986：44)

　図表10－1は，国内企業の人的資源管理の領域に，多国籍企業が活動する「国」と「従業員の分類」の次元を組み込んだ国際人的資源管理モデルである（Morgan, 1986）．国際人的資源管理が取り扱う「国」には受入国（host country），本国（parent country），その他の国（third country）の3分類がある．そして「従業員の分類」には，受入国従業員（host country nationals, HCNs），本国従業員（parent country nationals, PCNs），第三国従業員（third country nationals, TCNs）がある．HCNsとは企業の海外拠点で働く当該拠点の国籍の従業員，PCNsとは親会社の本籍と同じ国籍の従業員，TCNsは企業の拠点で本国人でもなく現地従業員でもない従業員のことを指している．

　図表10－1からわかるように，多国籍企業の人的資源の管理範囲は，国内企業のそれよりもかなり広がる．多国籍企業の経営体制が，複数国にまたがって事業を展開し，異なった国籍の従業員で構成されることから，国際人的資源管理は国内企業のそれよりも複雑で領域の広いものとなるのである．たとえば，本社から海外拠点に据える海外派遣者の教育訓練や業績評価，現地従業員の採用や動機づけ・処遇，といった事項は，国内企業にはない国際人的資源管理固

有の問題である．

　企業が多国籍化する最大のメリットは，経営資源がグローバル規模で獲得・活用できるところである．人的資源が効果的に活用されるには，それができる体系的な国際人的資源管理体制を社内に構築することが求められるのである．

2. 企業の発展段階と国際人的資源管理

　企業のグローバル化の発展段階にはさまざまな過程が考えられるが，【第1段階：輸出】→【第2段階：海外生産】→【第3段階：多国籍化】→【第4段階：グローバル化】の順番で進んでいくパターンが最も一般的といわれている．企業の諸方策が各段階を経て変化していくように，国際人的資源管理もそれぞれの段階に応じたものへと進展していく．各段階における人的資源の管理体制は，次のとおりである．

(1) 輸出段階

　第1段階の輸出段階とは，その企業の財やサービスの販売網が国外に及ぶようになり，輸出という形をとって営業を行う段階の状態のことである．企業にとって，最初の国際化の段階はこの自社製品の海外輸出を通じた，外国企業や消費者との接触である．この第1段階では，商社や代理店を通してビジネスが展開されることから，海外との接触も間接的なものである．輸出段階の海外との接触は，もっぱら技術や市場をめぐる情報接触が中心で，経営上の国際的な人的資源の管理・運営の必要性はほとんど生じない．ただし，自社製品にクレームが生じたり，取引上のトラブルが発生したような時には，自社の従業員を現地に赴かせて直接対処させることが必要な場合がある．このような，限られた人材（いわゆる海外派遣者）に対しては，語学教育等を中心とした企業内教育訓練の充実が求められる．

(2) 海外生産段階

　第2段階の海外生産とは，国外に自社工場を設立し生産活動を行う段階のことである．この段階における企業の海外進出の主な動機は，現地生産によるコストダウンである．自国よりも人件費の安い国に工場を設立し製造活動を行えば，それまでよりも安く製品を製造することが可能になる．この段階における現地の管理体制は，通常，本社のコントロールによって行われることから，現地従業員の管理を含むすべての海外拠点の運営は，本社から派遣した人材によって実施される．海外拠点の管理・運営を本社主導で行うのは，とくに日本の多国籍企業に多い．海外生産段階に入ると，それまでにはなかった海外派遣者の選抜や育成，現地従業員との異文化コミュニケーションといった問題が社内で発生するようになり，企業はそれに対処する方策の策定を求められる．

(3) 多国籍化段階

　第3段階の多国籍化段階に進んだ企業は，本格的な現地生産活動を行うために複数の海外生産子会社を複数国で設営する．第3段階のうちでも，初期の頃であれば，海外子会社の管理は本社の国際事業部門によって集権的なコントロールによって図られることが多い．しかし，その比率は第2段階よりも低下する．企業は多数の現地従業員を採用し，企業内教育訓練を行い，特定職務に配置する必要がある．そして，組織運営のための国際人的資源管理の諸制度を現地仕様にあわせて整備する必要が生じてくる．賃金や業務の諸規定，就業規則，福利厚生制度，昇進・昇格に関する規定の調整などがその具体例である．ここで求められるのは，現地の制度や慣行を導入するか（現地適応），それとも本国の方式を導入するか（現地適用）の選択である．

　第3段階の中期以降になると，海外一貫生産は本格化してくる．現地生産は，原料の調達から完成品の出荷まで，すべてのプロセスを一貫して現地工場で遂行することになり，各工場では部品加工のために機械装置を設置し，複雑な工作機械の操作やその保守点検という生産技術に対する対応の必要が生まれる．

加えて，完成部品の品質をチェックするための品質管理や品質検査部門も設けなければならない．また，製品や部品の改善・開発を行う研究・開発部門の開設も必要である．一方，事務部門では購買部（原材料買付），財務部（設備投資資金や運転資金の調達），営業部（セールス・マーケティング）や，これら各部に配置する多様な人材を採用し必要な技術・技能を教育する人事部門の充実も必要になる．このように，多国籍化段階に入ると，一連の管理・運営活動を本国主導で実施するか，現地システムを採用するかという国際人的資源管理の方向性を左右する問題が発生し，多国籍企業は大きな転換期を迎える．

(4) グローバル化段階

第4段階のグローバル化段階に達した多国籍企業とは，国内事業と国外事業を区分せず，それらを企業内の国際分業として展開していく経営体制を確立した企業のことである．グローバル化段階に位置する企業の組織体制は，世界複数本社制組織やマトリックス組織などさまざまである．そのために，人的資源の管理体制は，それぞれの経営環境に適したものが策定され実施される．ここでは，国籍不問のグローバル人事が実行されるために，経営者が本社の位置する国の国籍の持ち主でなかったり，ひとつの拠点に複数の国籍の人材が共に働く環境が生まれる．すなわち，社内ではダイバーシティ・マネジメント（多文化経営）を主軸に据えた体系的な人的資源の管理体制の確立が必要となってくるのである．

80年代までに，グローバル化を開始した多国籍企業の多くは，現在までに【第3段階：多国籍化】，もしくは【第4段階：グローバル化】にまで達しており，国際人的資源管理もそれに相応した体制作りが各社で進んでいる．

3. 日系多国籍企業における国際人的資源管理

ここで，わが国多国籍企業の国際人的資源管理について検討してみたい．
日本における人的資源管理は，経営学の先進国である欧米諸国のそれを導入

することにより始まった.しかし,欧米の強い影響を受けながらも,同時に日本独特の手法を組み込んだ形で発展したことから,いわゆる「日本的」とよばれる独自性の強い人的資源管理制度を確立していった.

日系多国籍企業は,潜在的にこのような日本的な人的資源管理手法をもっている.特異性のいわれる日系多国籍企業の国際人的資源管理とはどのようなものであろうか.

(1) 日系多国籍企業における国際人的資源管理の優位性と課題

日系多国籍企業の国際人的資源の管理体制が,欧米系のそれにはない優位性をもっていることは,これまで多くの国内外の既存研究において指摘されてきた.その特徴的なものとして,たとえば,終身雇用制度や年功序列制度などの労務慣行,企業別労働組合,集団的意思決定などがあげられる.

図表10-2は日本企業の諸外国における日本的な諸慣行の採用比率・有効性・不受容性の調査結果である(鈴木,2000).現在海外子会社で実施されている日本独特の管理体制には,「賞与」「文化・体育活動」「情報の共有」「5S(整理・整頓・清掃・清潔・躾)」「企業内教育」などがあげられる.現地従業員の賃金増や能力向上・生活向上に役立つものの採用比率が高く,年功昇進や配置転換など,非専門的なキャリア形成と生産管理に関するものが低いことがわかる.

現地従業員によって現地でも有効性が高いと評価されている日本的な管理体制は,「経営理念の強調」「企業内教育」「情報の共有」「コンセンサス重視」「賞与」などが上位を占めている.これらのものが上位に位置する理由としては,「帰属意識(一体感)の強化につながる」「企業方針や目標の理解と徹底が促される」「団結力・連帯感が生まれる」「社会的責任・貢献意識を増幅させる」「仕事の規範として必要」などであることが,同調査では明らかになっている.

この他にも,既存研究では日系多国籍企業の急成長を支えた陰には,海外拠

図表10-2 海外拠点における日本式経営の採用比率・有効性・不受容性

日本式経営の項目	有効性(点)	採用比率(%)	不受容性(点)
コンセンサス重視	44	21	15
稟議制度	45	5	12
大部屋制度	35	2	9
職務規定の弾力	34	4	14
雇用安定運用	48	13	9
新規学卒採用	26	1	5
企業内教育	70	30	2
配置転換	33	2	32
年功賃金	42	10	21
諸手当	62	14	1
退職一時金	42	1	1
賞与	87	21	1
年功昇進	31	-	18
経営理念の強調	38	52	16
内部昇進	64	22	1
格差縮小(平等主義)	23	6	25
社宅・独身寮・社内食堂	54	5	1
文化・体育活動	76	8	-
情報の共有	76	27	7
提案制度	38	2	8
労使協調	44	11	5
工程内品質保証	50	8	3
5S	75	20	-
TQC	39	11	9
QCサイクル	39	4	-
JIT生産方式	14	2	13
多能工	21	3	16
下請け制度	24	1	2

凡例: 採用比率(%)、有効性(点)、不受容性(点)

出所) 鈴木滋 (2000:31)

点においても，雇用を保証し職場の人間関係に配慮しようとする慣習や，長期視野に立つ経営計画・経営戦略の立案，勤勉かつ教育基準の高い従業員，製造過程の合理化を促す小集団活動（QC運動）の重視といった，支工場の生産現場における運営体制の高い柔軟性があることを指摘するものも多い．これら一連の優位性は，すべて日本文化に深く根ざしたものであるといえる．

このように，わが国多国籍企業の国際人的資源管理には多くの優位性を指摘することができる．しかし，日系多国籍企業の場合，販売や生産の国際化に比べて人的資源の国際化が大きく立ち遅れていることもしばしば指摘されてきた．日系多国籍企業の抱える人的資源管理の問題とはどのようなものであろうか．

先の図表10-2では，諸外国において受け入れが困難で日本的な管理体制も明らかになっている．海外拠点の現地従業員から不受容性を指摘されているのは，「配置転換」「格差縮小（平等主義）」「多能工」「年功賃金」「年功昇進」である．受け入れられない理由としては，「日本的な理念が理解しづらい」「個

人主義で会社への一体感は受け入れられない」「賃金など待遇への関心が第一で経営理念には関心がない」「一方的な押しつけに対して反発感がある」「精神的要素が強い」などがあげられている．先にみたように，多国籍企業には発展段階があるが，どの段階に位置する企業であるかにかかわらず，日本独特の経営方式を文化や習慣の異なる海外子会社にそのまま導入することは困難である．日本企業の優位性を生かしながら，同時にさまざまな国の人的資源を効果的に活用できる経営体制づくりが求められよう．

(2) 日系多国籍企業の現地化問題

日本企業が多国籍企業として成長していく上で，最も大きな課題のひとつに「ヒトの現地化」があげられる．現地化とは，人的資源を含む進出先国の経営資源をできるだけ活用して，子会社の運営を行おうとする現地経営の方向性のことである．日系多国籍企業は，欧米系のそれと比べてこの現地化がいちじるしく遅れているといわれている（吉原，1996）．

海外拠点におけるヒトの現地化には，現地人を従業員として雇用する「雇用の現地化」と，現地人を経営者に登用する「経営の現地化」の2つの方法がある．ここでの雇用の現地化とは，具体的には，子会社のロワー・マネジメントレベル（役職をもたない従業員層，ブルーワーカー層）とミドル・マネジメントレベル（役職従業員層，ホワイトカラー層）の従業員にすべて現地人を充てることであり，経営の現地化とはトップ・マネジメントレベル（経営者層）に現地人を起用することである．

海外子会社の運営体制に現地化を導入しなかった場合，つまり本社から派遣された従業員による子会社経営を行った場合に発生する問題としては，① 文化や言語，ビジネスマナーの違いによってコンリフトが発生する，② 現地特有の問題に即座に対応できない，③ 本社から人材を派遣するとコスト高になる，④ 現地従業員のキャリアを子会社の上層部にまで拡大させられない，⑤ 意思決定権が現地にないことにより従業員の仕事に対するモティベーショ

ンや企業へのロイヤリティの低下が起こる，などがあげられる．この他，受入国にとっては雇用機会の拡大という大きな経済効果もあることから，進出先国では，現地化による経営が強く望まれている．

　海外拠点の経営を現地化すれば，上述したような問題は払拭される．しかし，それにもかかわらず，わが国多国籍企業では依然として本社主導による現地経営を続けているところが多い．それは，海外拠点の現地化を進めると，① 親会社と海外子会社間に技術的な差異が生じる，② 本社と海外子会社間の言語的・文化的ギャップが拡大する，③ 本社と海外子会社間のコミュニケーション力が低下する，④ 現地従業員のキャリア・パスに限界が生じる，といったデメリットが危惧されるからである．日本以外の多国籍企業でも，現地化問題はロワー・マネジメントレベルおよびミドル・マネジメントレベルまでは解決されているが，トップ・マネジメントについては今後の課題として残されている場合が多いのが現状である．

　現地化がとりわけ日系多国籍企業において進展しない理由としては，日本企業の伝統的な海外事業が本社で開発して製造システムを移転することによって成立してきたことが指摘できる．現地のトップ・マネジメント，つまり本社との接点にあたる要職には，本社から来た日本人派遣者が就任し，重要な意思決定は，本社が集権的に管理する体制が日系多国籍企業では確立されているのである．加えて，双方の組織体制の違いも，日系企業が欧米企業より現地化が遅れる要因としてあげることができる．欧米多国籍企業の場合，海外子会社の管理を製品別事業部制や地域別事業部制といった組織体制で行うケースが多い．日系多国籍企業では，それを国際事業部もしくは海外事業部で行うことが大半である．日系企業の海外事業部の組織的な位置づけは，スタッフ部門であり，子会社の調整をその主要な任務としている．そのために，現地での生産活動に関する決定事項は本社の海外事業部が行い，本社による現地コントロールの度合いが強くなってしまうのである．

　ただし，極端に現地化が進んだ海外子会社は，多国籍企業が本来もつ優位性

を十分に生かした経営ができないということに留意する必要がある．多国籍企業の最大のメリットは，必要な経営資源をグローバル規模で獲得できることである．海外子会社は，経営資源が本社（もしくは他の海外子会社）から支援され，運営されているからこそ，多国籍企業の経営行動の一環として成立する．そして，そうであることが単なる現地の独立企業との相違点なのである．その意味において，海外子会社は多かれ少なかれ本社の経営資源に依拠して経営活動を行う方が有効であるといえる．

　現地化の促進には，組織の根本的な体質改善が必要である．現地従業員にとって魅力的な職場環境を提供することができなければ，いくら雇用機会を現地に提供しても，優秀な現地の人材が日系企業を働く先として選ぶ保証はない．現地のニーズをくんだ人事の理念と，基本思想を基軸とした国際人的資源管理体制の構築が多国籍企業には必要といえる．

4. 国際人的資源管理の課題

　本節では，国際人的資源管理をめぐるさまざまな問題のうち，海外派遣者，グローバル採用およびグローバル人材の育成に焦点を絞って，これらの概要について検討したい．

(1) 海外派遣者の問題

　多国籍企業の抱える国際人的資源管理の重要課題のひとつに，海外派遣者の問題がある．海外派遣者が派遣先において能率的に業務を遂行できない場合，派遣者本人と派遣元企業および派遣先子会社は，大きな経済的・非経済的損失をこうむる．そのような事態を避けるために，各社では派遣先における派遣者の能率向上を目指した諸施策を積極的に実行している．多国籍企業の海外派遣者施策は，一般に，① 派遣前→ ② 派遣中→ ③ 派遣後の3段階で構成されている．多国籍企業の海外派遣施策も，通常この3つに区分され，策定される．各段階は，それぞれいくつかの構成要素によって編成されている．図表10-

3は，海外派遣施策を体系的に示したものである．

派遣前の段階では，まずどの人材をどのポジションに据えるかの選抜計画が図られ，それに基づいた選考が実施される．選抜した派遣者には，出発までの期間に事前研修を行い，派遣先（海外拠点）で業務を遂行していく上で必要な知識や技能，態度といった職務・非職務能力を身につけさせる．派遣中の段階に入ると，派遣者本人とその帯同家族のためのサポート体制を現地に設置し，派遣期間中の職務・非職務要因全般に関する支援を行う．派遣期間を終え本国に戻る帰国後の段階では，海外で培った知識やノウハウがその後最大限生かせるようなポジション設定とキャリア・パスの提示を派遣者に実施することとなる．

多国籍企業は，このようにさまざまな取り組みを海外派遣者に対して打ち出している．しかし，アメリカの先行研究の中には，アメリカ人海外派遣者の10人うち1～5人は，派遣に失敗しているという結果も報告されており（Black, 邦訳，2001），事態の深刻さと既存施策のさらなる改善の必要性がうかがえる．

海外派遣者が派遣地で抱える最大の問題のひとつが「異文化マネジメント」ないし「異文化適応」である．多国籍企業は，これまでこの異文化にかかわる問題の克服を国際人的資源管理の主要課題と位置づけてきており，その重要性は高い．

海外派遣者が派遣先の海外拠点において自身の能力を最大限に発揮できるよ

図表10－3　多国籍企業における海外派遣施策

段　　階		構　成　要　素
第1段階	派遣前	① 選抜計画，② 選抜， ③ 育成（事前研修＋その他サポート），④ 配置
第2段階	派遣中	① 現地適応の支援 （派遣後研修＋その他サポート）
第3段階	派遣後	① 帰任後の有効なポジション設定 ② 帰任後研修

う，また派遣中に培った能力をその後十分に発揮できるようなサポート体制の確立が，多国籍企業には求められている．

(2) 本社におけるグローバル採用

　企業のグローバル化が進むにつれ，外国人の占める社内比率はますます大きくなっている．そして，近年子会社同士の人的資源の移動も頻繁になってきた．必要なスキルをもった人材が，世界中の人的資源の中から効果的に選抜され，配置されるようになってきているのである．このことは，多国籍企業のメリットを生かした経営体制が，徐々にではあるが確実に構築され始めたことを裏づけている．

　グローバル採用の代表的なものとして，外国人経営者の受け入れがあげられる．たとえば，日本の企業では興亜石油やマツダ，日産が，提携企業から経営者陣を向かえ，生き残りをかけた経営再建を進めている．グローバル規模の大競争時代が到来し，国籍を問わない人的資源の活用が体系的に行われ始めた．経営者となる人材についても有能であれば外国人を起用するようになってきているのである．このようなグローバル採用がスムーズに達成されるには，それを可能にする国際人的資源管理システムが社内に確立されている必要がある．すなわち，グローバル採用にはそれを行う社内の風土と，実施できる体系的な採用システムを構築することがまず肝要といえる．

(3) グローバル人材の育成

　企業における人材育成の目的は，従業員のもつ潜在的な能力を引き出し，伸ばすことである．人的資源のグローバル採用が推し進められる中，従来の人材育成の体制を見直す多国籍企業が増えている．

　多国籍企業における人材育成には，大別して ① 本社内の人材（日本人）の育成，② 海外拠点の現地人の育成，③ 本社採用の外国人の育成の3つがある．

　本社の人材育成には，本社の研修機関で行われる研修の他，社外研修機関や，

海外拠点の研修機関，国内外の大学やビジネスセンターで受ける研修など，さまざまな形態がある．それらの研修は，入社から退社までの期間の企業ニーズと従業員ニーズに応じてトータルに実行される．

　海外拠点の現地人の育成には，大きく分けて本社の研修機関に受け入れて行う場合と，各拠点の地域研修機関で行う場合の2つがある．本社での研修は，主に現地の管理者，現地リーダー候補者を対象に実施され，期間も数日間の短期的なものから，1年近くにおよぶものまである．各拠点の地域研修機関での研修は，ミドル・マネジャー研修，現地の新入社員研修およびOJT（on the job training）が中心である．この場合，本社の研修機関同様，多様な職能別研修，経営戦略に応じた課題別研修が設置され，本社における研修期間の役割，研修プログラムの移転がなされる．

　本社採用の外国人の育成は，主に本社の研修機関において行われる．ここでは，語学力や異文化マネジメント力の向上，任務遂行の際に必要となる専門的なスキルの習得などが研修の基軸となる．

　多国籍企業では，これら3種類の従業員の育成が的確に行えるような体制作りが肝要である．ただし，多国籍企業の人材育成は，企業のグローバル化の進展と密接に関連していることに留意する必要がある．図表10-4は，先に示した企業の発展段階別による人材育成の変遷を示したものである．

　第1段階の輸出段階においては，企業の主要目的が海外での製品販売であるために，体力・気力にあふれ，語学に堪能な人材の育成が企業の課題となる．第2段階では，海外での生産が活発化し，経営ノウハウの移転と海外子会社の管理ができる人材が必要となる．したがって，この段階では，海外子会社の管理全般に精通した人材の育成がなされる．第3段階では，グローバルな視点から国内外の事業を展開できる能力と，それまで以上に高いコミュニケーション能力を備えた人材が求められるようになる．同時に，経営の現地化もこの段階から進んでいくために，現地人マネジャーの育成も欠かせない．さらに第4段階に入ると，企業の多国籍化はますます進み，海外子会社の自立的経営，他社

との戦略提携，子会社間の人材移動など，新たな経営環境が生まれる．ここでは，グローバル化の進んだ組織体制を効果的に活用し，創造的かつ革新的な経営を行うこのとのできるトップ・マネジメントの存在が不可欠となる．

このように，多国籍企業の人材育成はさまざまな要素を勘案し，策定・実施する必要がある．複雑である分，常に最適な人材育成体制を社内に配することは難しく，多国籍企業にとって難しい課題のひとつとなっている．

最後に，トップ・マネジメントの育成について触れておきたい．企業の管理・運営はトップ・マネジメントに位置する人材によって行われている．したがって，本社であれ，海外子会社であれ，各拠点の運営の成否は，有能なトップ・マネジメントの存在の有無にかかっているといってよい．多国籍企業では，経営における最高意思決定機関として，グローバルな視野での的確な判断力・実行力を備えた人材の育成が必須である．トップ・マネジメントの育成には，近年各多国籍企業においてさまざまな取り組みがなされているが，早い時期から意識的にトップ・マネジメントを育成しておかないと強力なリーダーシップを発揮できる経営者を自社に据えることができない，という共通の危機感が存在する．一般に，人的資源の育成・開発システムの構築には，莫大な時間とコストがかかる．それにもかかわらず，多くの多国籍企業がトップ・マネジメン

図表10-4　企業の発展段階とグローバル人材開発

発展段階	主な研修対象者	求められる人材像	研修内容	企業の主要課題
《第1段階》輸出	派遣管理者，技術者	語学力とセールス能力のある人材	派遣前研修，海外留学制度，英語研修，社内研修	海外での製品販売
《第2段階》海外生産	ホスト国子会社の管理者	子会社の管理能力のある人材	本社での国際ビジネス研修	経営ノウハウの移転と子会社管理
《第3段階》多国籍化	海外派遣者	国際マネジャー，現地マネジャー	ローカル＆本社研修，異文化適応研修，海外研修	国際事業の展開・調節と経営の現地化の促進
《第4段階》グローバル化	グループ企業のリーダー，将来の幹部候補者	グローバル・マネジャー	トップ・マネジメント研修，CU（企業内大学），社外教育機関での研修	グローバル規模での創造的かつ革新的経営の展開

トの人材育成に意欲的なのは，それだけ企業にとってトップ・マネジメントが大きな役割を担っているからであるといえる．

演・習・問・題

問1 国内企業の人的資源管理と多国籍企業の国際人的資源管理の違いはどこにあるか検討してみよう．

問2 国際人的資源管理は，企業のグローバル化の発展段階に応じて変化する．各段階における国際人的資源管理とはどのようなものか考えてみよう．

問3 日系多国籍企業の国際人的資源管理に関する優位性とはどのような点でしょうか．また，解決の迫られている課題とは何かを調べてみよう．

参考文献

Black, J. S. (1999) *Globalizing People Through International Assignments*, Addison-Wesley.（白木三秀他訳『海外派遣とグローバルビジネス―異文化マネジメント戦略』白桃書房，2001年）

Morgan, P. V. (1986) International Human Resource Management：Fact or Fiction, *Personnel Administrator*, Vol. 31 (9).

鈴木滋（2000）『アジアにおける日系企業の経営―アンケート・現地調査にもとづいて』税務経理協会

吉原英樹（1996）『未熟な国際経営』白桃書房

《推薦図書》

1. 石田英夫（1999）『国際経営とホワイトカラー』中央経済社
   日本多国籍企業における上級ホワイトカラー人材の現状と課題を実証的に解明．

2. 奥林康司（2000）『現代労務管理の国際比較』ミネルヴァ書房
   米・英・独・中など主要各国における人事労務管理制度の実態を明らかにし日本企業のそれとを比較分析．

3. 小池和男（2002）『ホワイトカラーの人材形成』東洋経済新報社
   日米欧の人材開発方式を国際比較によって探究．

4. 白木三秀（1995）『日本企業の国際人的資源管理』日本労働研究機構

　　日本人海外派遣者とアジア諸国の現地従業員のキャリアや処遇問題を分析．

5. 平澤勝彦・守屋貴司編著（2001）『国際人事管理の根本問題』八千代出版

　　多国籍企業の人事管理の領域や生成背景などを明らかにし，ケースをとおして日系多国籍企業における人事管理の課題を検討．

第11章の要約

 第10章で学んだように，多国籍企業では本国・受入国・第三国など，さまざまな従業員が共存することになる．多国籍企業は，それらの人材をグローバル規模で有効活用できてこそ，その優位性を享受できる．つまり，多様な文化背景をもつ従業員間のコミュニケーションを円滑にする「異文化マネジメント」が効果的に行われているかどうかが，きわめて重要な問題なのである．

 そこで本章では，異文化マネジメントの諸理論について概説し，グローバル人材に適した異文化教育の理論と現状について検討する．また，多国籍企業の中でも，わが国多国籍企業の海外派遣者に焦点を絞って，日本人派遣者がどのように異文化に適応していくのか，企業側はどのような支援を行えば日本人派遣者の異文化適応は促進されるのか，などについてみていく．

第11章　多国籍企業と異文化マネジメント

1. 異文化マネジメントの諸理論

　経営学における，文化と経営に関する諸問題は「異文化コミュニケーション理論」のコンテクストから発展した「異文化マネジメント」の領域で議論される．異文化マネジメントを下支えする異文化コミュニケーション理論とはどのようなものであろうか．まずはこの点についてみていきたい．

(1) 異文化コミュニケーション理論

　異文化交流は，厳密には人と人との交流である．文化的背景の異なる人同士がコミュニケーションを図ることで文化の交流が引き起こされ，ここに異文化問題が発生するのである．

　異文化に関する研究の歴史は，文化に関する研究同様長い．また，これを取り扱った学問分野も，文化人類学や医学などさまざまである．

①　ホール（E. Hall）の研究

　異文化コミュニケーション（intercultural communication）という言葉をはじめて使ったのは，文化人類学者のホールである（Hall, 1976）．ホールは，コミュニケーションが行われる物理的・社会的・心理的・時間的等の環境と，コミュニケーションの手法，すなわち「コンテクスト（context）」に注目し，それらの関係についての研究を行った．ホールによると，コンテクストは高コンテクストと低コンテクストに大別することができる．高コンテクストの文化圏ではコミュニケーションは，ほとんどがコード化されていない身体的，または個人に内在されたメッセージの伝達で行われ，逆に低コンテクストの文化圏では，大半が明確にコード化された情報のやり取りでなされている．図表11－1は高コンテクストと低コンテクストを国別に示したものである．ホールの研究によると，日本は高コンテクスト文化圏に位置していることがわかる．すなわち，日本人は言語コードにあまり依存せず，それ以外（非言語）のメッセー

図表11－1　高コンテクスト文化と低コンテクスト文化

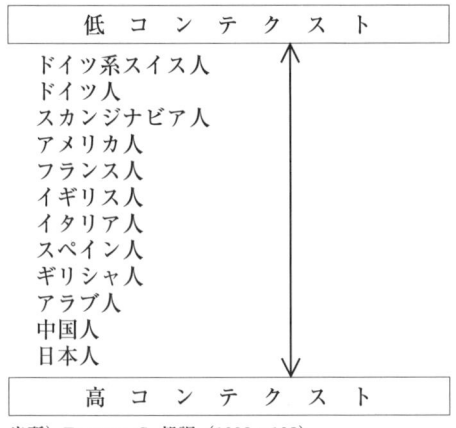

```
┌─────────────────────────┐
│    低　コ ン テ ク ス ト    │
└─────────────────────────┘
        ↑
    ドイツ系スイス人
    ドイツ人
    スカンジナビア人
    アメリカ人
    フランス人
    イギリス人
    イタリア人
    スペイン人
    ギリシャ人
    アラブ人
    中国人
    日本人
        ↓
┌─────────────────────────┐
│    高　コ ン テ ク ス ト    │
└─────────────────────────┘
```

出所）Ferraro, G. 邦訳（1992：102）

ジでコミュニケーションを取る傾向が諸外国よりも強いといえる．

② ホフステッドの研究

ホフステッド（G. Hofstede）は，世界50ヵ国のIBMの従業員16万人を対象に調査・分析を行い，国による文化の違いは「個人主義対集団主義」「権力の格差」「不確実性の回避」「男性度（男らしさ）対女性度（女らしさ）」の4つの次元で説明できることを発見した（Hofstede, 1991）．この調査結果によると，たとえば日本は「集団主義」「権力格差が大きい」「不確実性の回避の度合いが高い」「男性らしさが強い」文化であるエリアに位置していることがわかる．ホフステッド研究の意義は，多国籍企業を対象に実施されたこの大規模な調査により，自国と諸外国の文化を理解するだけでなく，諸外国との違いを比較し把握することを可能にした点である．これは，国際的な場面における多国籍企業の国際人的資源管理に対して大きな示唆を与えてくれるものである．

③ アドラーの研究

アドラー（N. Adler）は企業組織の運営において異文化融合した際のメリットとデメリットを綿密に分析し，図表11－2のように示した（Adler, 1991）．

図表 11 − 2　文化的多様性のメリットとデメリット

メリット	デメリット
多様性は創造性を増大させる 　より広い視野 　より多くの優れたアイデア 　「集団思考」の抑制 多様性は他の人々の 　アイデア 　意味合い 　議論 　を理解するための集中力を養う	多様性は一体感を十分に育てない 　不信感 　　互いに魅力を感じない 　　固定観念 　　同一文化圏同士の会話 　　コミュニケーション・ミス 　遅い話し方：母国語以外での 　　会話と通訳の問題 　不正確さ 　ストレス 　　より多くの非生産的な行動 　　内容に関して少ない異議 　　緊張
創造性の増大は次のことをもたらす 　より的確な問題規定 　より多くの代替案 　より効果的な解決策 　より優れた意思決定 グループは次のようになる 　より効果的 　より高い生産性	一体感の欠如により次のようなことができない 　アイデアとメンバーの適正な評価 　合意が必要な時の合意 　意思決定に対する合意の確保 　調和的な行動 グループは次のようになる 　より低い効率 　より小さい効果 　より低い生産性

出所）Adler, N.（1991：132）を一部加筆して作成

　そして，異文化経営においては文化的多様性（cultural diversity）が避けられないものであるならば，この特性を理解した上で，これを管理し効果的に活用することが重要であることを指摘した．また，異なった文化が接触することによって生じる相乗効果を「異文化シナジー（cultural synergy）」とよび，文化的多様性がより効果的な企業活動と管理システムを生み出すことにも言及している．この研究は，多国籍企業において適切な異文化マネジメントがいかに重要であるかを明確に示している．

2.　グローバル人材の異文化教育

　異文化教育は，多国籍企業におけるグローバル人材教育の中核をなすものである．たしかに，先にアドラーが指摘しているように，多国籍企業であれば異なった文化の頻繁の接触によって異文化シナジーが生まれ，多様性の相乗効果

によってより効果的な企業活動が展開できるかもしれない．しかしそれには，それが可能となるような人材，すなわち異なる文化的背景をもった人びとと適切にやりとりが行えるグローバル人材が企業内に多く蓄積されていることが前提である．各国の多国籍企業が，自社の異文化マネジメントの重要な一環としてグローバル人材の異文化教育に力を入れるのは，このためである．

(1) 異文化教育とは

　異文化教育は1960年代にアメリカでスタートしたものである．当時の異文化教育は，主に国外に勤務する官公庁の役人や軍人とその家族などを対象に開発されたものであった．今日，多国籍企業で実施されているグローバル人材の異文化教育は，それが民間企業の従業員向けに改良されたものである．

　異文化教育とは，「異なる文化的背景をもった人たちや組織・社会との適切なやりとりが行える素質を育成・援助する教育プログラムや手法」と定義され，「異文化研修」「異文化訓練」「異文化トレーニング」といった名称でもよばれている．

(2) 日本企業と異文化教育

　これまで，異文化教育にかんしては数多くの既存研究が残されてきている．ここではそのうちの日本の異文化教育に関する諸理論に焦点を絞って概観する．いずれの研究も，現在の異文化教育の形成に大きな影響を与えたものである．

　わが国において企業向けの異文化教育の研究が本格化したのは，アメリカより10年ほど後の1970年代後半以降であった．日本企業の特質や日本人の業務遂行概念に立脚し，他国との友好関係の構築やそのための異文化教育に言及した研究には次のようなものがある．

　① 中根の研究

　日本社会の人間関係と国際化時代の日本人の適応条件について分析した初期のもののひとつに，中根の研究がある（中根，1972）．中根は，まず日本社会の

人間関係は「ウチ」と「ソト」を強く意識し「場」を強調する社会であるとした．それは欧米社会の個人主義・契約精神に立脚した社会とは大きく異なった"単一社会"である．次に，異なる文化に接した場合に発生するカルチャー・ショックは，日本人においてとくに大きく，それを日本社会の＜タテ＞の原理による人間関係と「ウチ」から「ソト」への連続の思考が作用しているからである，と結論づけた．また，欧米やインド，東南アジアなどの国ぐにおける日本人の適応に着目し，そこでの「ウチ」意識の構造に綿密な分析を加えることをとおして，日本の特徴として＜義理人情＞といったものの存在が大きいことを指摘している．中根の研究は，日本企業と異文化問題，異文化教育を発展させる契機となった点において高く評価される．

② 石田の研究

日本社会と諸外国の文化的相違に着目し，企業経営のグローバル化問題を解決しようとする研究が多い中，石田は日本人と諸外国の「業務遂行概念」の違いに着目した（石田，1995）．

石田によると，日本企業では，それぞれの職務の中核部分は明確であるものの，その周辺部分は境界線が不明確であることが通例である．そのために，中核部分は担当者が行うものの，誰の業務範囲か明らかになっていない部分については，その時々で手が空いている者や能力に余力のある者が行うことになっている．これに対して日本以外の国では，職務は明確にされており，多くの場合，労働契約書に明示されている．したがって，個々の従業員は自分の業務範囲を超えて業務を遂行することを求められることはなく，それ以上に自分の職務範囲を超えて職務を遂行することは越権行為と取られる恐れがある．

③ 言語コストの研究

言語も文化に含まれる．言語が異なることによって，これまで多国籍企業はさまざまな側面で問題を抱えてきた．ところが，この言語をキーワードに据えた企業の異文化問題の研究は多くない．この言語問題に着目した吉原らのグループは，言語に起因する国際経営におけるデメリットを経費の側面から究明

し，特に日系多国籍企業には言語投資対策が必要であるとの結論を導き出した（吉原ほか，2001）．吉原らは，言語に起因する国際経営におけるデメリットを「言語コスト」とよび，これを直接的と間接的の2つに区分して分析を試みている．直接的なコストには，通訳・翻訳費用，意思疎通の齟齬，情報の遅れがあり，間接的なコストには，外部人的資源の活用機会の喪失，eビジネスへの参加機会の喪失，があげられる．吉原らは，言語コストを抑制する策として，従業員への語学（英語）投資を行って英語力を高め，英語による経営を推進すべきである，と提案している．英語がインターネット上で利用される言語の9割を占め，ホームページの約8割で使われていることや，電子商取引での使用も最多であること，英語が事実上ビジネスの共通言語となっていること，なども合わせて考えると，言語投資の重要性はより強調されよう．先に，日本が高コンテクト文化の国であることを述べたが，この点からも，語学教育の充実はとりわけ日系多国籍企業において効果的であるということができよう．

(3) 異文化教育の方法とその評価

① 異文化教育の方法

現在，多国籍企業において実施されている異文化教育には次の3つの方法がある．それは，ア）認識志向的方法，イ）関係志向的方法，ウ）認識志向的方法と関係志向的方法との統合，である．ア）認識志向的方法とは，本や講義などをとおして自分自身の文化と異なる文化の特徴をそれぞれ把握させ，異文化に対する意識を高めようとする異文化教育の方法である．イ）関係志向的方法とは，対象となる異文化を経験的に学ばせる方法である．ウ）認識志向的方法と関係志向的方法の統合とは，本や講義などによって異文化に対する知識を身につけさせるとともに，異文化の人物や状況とのやり取りを経験的に学習させる方法である．

異文化教育のうち，効果的なコミュニケーションができる能力の育成に重きを置いたものを「異文化トレーニング」とよぶ．この異文化トレーニングには

6つの手法がある．それは，a) テキストやビデオを使って，他の文化についての情報を与えたり，知識を増やすことを目的とした「認知・情報志向トレーニング」，b) 異文化に属する他者の行動の意図を現地文化の視点から考察していく「帰属トレーニング」，c) 自文化と他文化の共通点と相違点を学ぶ「文化気づきトレーニング」，d) 自文化に関して"報われること"と"苦痛になること"を分析し，他の文化ではどうであるかを検討する「認知的行動修正トレーニング」，e) 実際に他文化へ身を置き（もしくはその文化のシミュレーションを体感させて）経験的に異文化について学習させる「経験トレーニング」，およびf) 他文化に属する人との体系化された接触プログラムによって異文化を学ぶ「相互作用トレーニング」である．

多国籍企業で行われる異文化教育は，このうちの「認識志向的方法」ないし「認知・情報志向トレーニング」が採用される場合が多い．

② 異文化教育に対する受講生の評価

図表11－3は，日系多国籍企業において異文化教育を受講した人の，教育に対する評価である．全体の7割近くの人が全ての受講科目について，非常に役に立った，もしくは役に立ったと答えている．その中でも，「派遣経験者と

図表11－3 異文化教育の評価

	非常に役に立った	役に立った	あまり役に立たなかった	全く役に立たなかった	その他
現地のコミュニケーション手法	21.9	48.1	26.4	1.7	1.8
現地のビジネス手法	8.1	54.6	32.6	2.1	2.3
現地の労使関係	8.3	60.7	27.5	1.9	1.6
現地での危機管理	6.4	56.9	32.3	1.9	2.5
現地での健康管理	6.0	64.4	25.1	1.4	3.2
派遣経験者との座談会	20.3	63.4	13.9	0.7	1.7
事前の現地視察	37.8	54.0	5.7	0.9	1.6
全般的な現地事情	6.7	60.8	27.0	2.1	3.4

出所）日本労働研究機構編（1999：20-26）

の座談会」と「事前の現地視察」は，受講者の8～9割以上から高い評価を受けている．ただ，評価の高い科目である「事前の現地視察」は，企業の実施率が2割程度と低い．研修の評価を「地域別」と「業種別」で分類した調査では，「地域別」では欧米地域に派遣された人の方がアジア地域に派遣された人よりも研修の評価は高く，「業種別」では製造業の派遣者の方が非製造業の派遣者よりもかなり高い．地域は英語によるコミュニケーションが可能な場合が多いこと，製造業では業務のマニュアル化が比較的容易であること，などが異文化教育の評価を高めている理由であると推察される．

以上のことから，今日の異文化教育には研修内容と方法それぞれに改善すべき点があることが指摘できよう．しかし，たとえば既存の異文化教育に新たな科目を取り入れるには，研修期間の延長が不可欠である．研修期間を延長するには，企業内の教育訓練システムや海外派遣者施策全体に大きな改正が求められることになる．

一方，一部の先進的な企業では，グローバル人材の異文化教育に関する問題が的確に認識されており，それらを改善する企業内教育訓練の体制づくりが積極的に試みられている．e-Learningを活用したり，外部の専門教育機関を利用するといったことが，その一例としてあげられる．

3. 日本人海外派遣者の異文化適応問題

最後に，日本人海外派遣者の異文化適応問題についてみてみよう．

第10章でも述べたように，わが国多国籍企業の海外進出を特徴づける要素に，海外拠点の管理体制があげられる．日系多国籍企業の場合，欧米系のそれに比べて，本社から人材を派遣して海外子会社の管理・運営にあたらせる場合が多い．それゆえに，海外派遣者の異文化適応問題は，とりわけわが国多国籍企業にとって重要度が高いといえる．

日本人海外派遣者はいかにして異文化に適応していくのであろうか．そして，どのような施策を採れば海外拠点における作業の効率を高めることができるの

であろうか．まずは，一般的な異文化適応理論を概説し，それを踏まえて日本人派遣者の異文化適応について分析する．

(1) 海外派遣者のカルチャー・ショックから異文化適応へのプロセス

人間が異文化へ適応していく過程，すなわち異文化適応プロセスは，時間的経過とともに段階的に発展するといわれている．この発展段階は，カルチャー・ショックの状態から平常な状態に立ち直るまでの一連の過程を指している．カルチャー・ショックとは，人が異なった文化的環境の中で，自分のライフスタイル，生活環境，ビジネス慣行などの違いに気がついたときに経験する心理的不適合のこと，と定義づけられる．

海外派遣者のカルチャー・ショックから異文化適応へのプロセスは6つの段階があり，図表11－4の実線のように示すことができる．

第1段階は，ハネムーン期（0～3ヵ月）とよばれ，本国における習慣が現地に適合しないことに気づかず，異文化不適応を感じないばかりか，むしろ異文化を新鮮な環境として認知する段階である．

第2段階のカルチャー・ショック期（3～9ヵ月）では，派遣者は本国の習慣が現地で通用しないことを痛感するが，それにどのように対処してよいかわからない段階である．この段階にある派遣者の特徴として，期待された役割を演じることに困惑感，文化を知った驚きとそれに対する嫌悪感，自分の慣れ親しんだ環境や文化パターンの喪失感，それによる自尊心の喪失，などがあげられる．ここでのカルチャー・ショックが大きい派遣者ほど，現地適応に時間がかかり，当初の予定を繰り上げて早期帰国するケースが最も多いといわれている．

第3段階の適応期（10ヵ月～2年）では，現地で生活するために，どのような行動が受け入れられるのかを学習する段階である．派遣者は，次第にカルチャー・ショックから立ち直り，新しい環境に慣れていく．文化的相違を受け入れ始める時期である．

図表11−4　海外派遣者の異文化適応プロセス

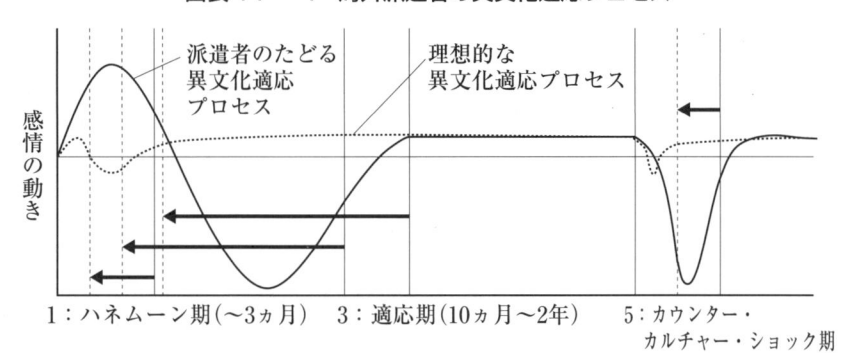

（グラフ：派遣者のたどる異文化適応プロセス／理想的な異文化適応プロセス）

1：ハネムーン期（〜3ヵ月）　　3：適応期（10ヵ月〜2年）　　5：カウンター・カルチャー・ショック期
2：カルチャー・ショック期　　4：成熟期（2年以降）　　　　6：再適応期
　（3〜9ヵ月）

出所）田中利佳（2005：135）

　第4段階の成熟期（2年以降）では，派遣者の適応学習は一定の水準に達し，安定状態に入る．そして，この段階以降，派遣者の異文化適応は漸増するが，急激な変化はみられない．

　第5段階は，カウンター・カルチャー・ショック期とよばれる．ある程度異文化に適応した後で帰国すると，自文化において同じような再適応のプロセスをたどる．この段階では，自国へ帰国した直後に，自国への不適応が起こる．

　第6段階の再適応期は，第5段階の後，自国の文化に適応していく時期のことである．

　第1段階から第6段階までの曲線の波がなだらかであればあるほど，つまり，派遣者の感情の動きが小さければ小さいほど異文化への適応は早くなる．そして，それにともない全体の曲線の距離も短くなり，各区間を区切る時間経過も左方にシフトする．このような理想的な派遣者のカルチャー・ショックから異文化適応へのプロセスを示したのが，図表11−4の破線曲線である．

(2) 海外派遣者の異文化適応促進要因

　派遣者の現地への適応が早いほど，派遣者は業務に専念することができ，そ

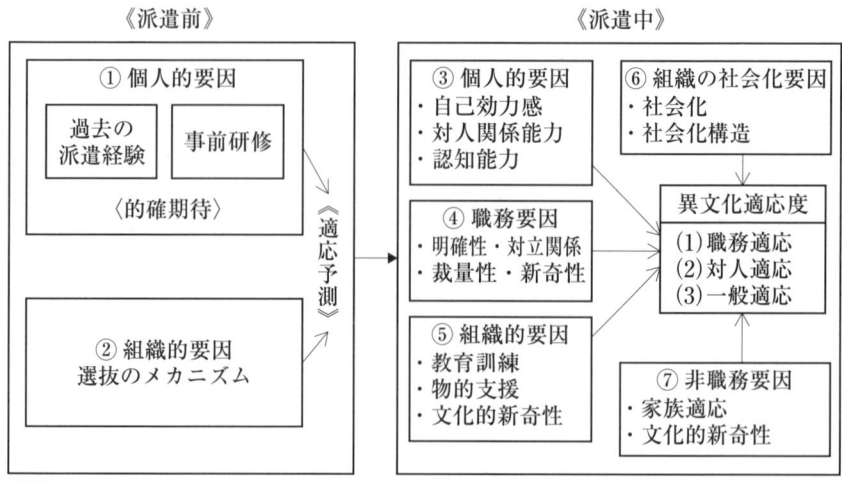

図表11－5　海外派遣者の異文化適応促進モデル

《派遣前》
① 個人的要因
- 過去の派遣経験
- 事前研修
〈的確期待〉

② 組織的要因
- 選抜のメカニズム

《適応予測》

《派遣中》
③ 個人的要因
- 自己効力感
- 対人関係能力
- 認知能力

④ 職務要因
- 明確性・対立関係
- 裁量性・新奇性

⑤ 組織的要因
- 教育訓練
- 物の支援
- 文化的新奇性

⑥ 組織の社会化要因
- 社会化
- 社会化構造

⑦ 非職務要因
- 家族適応
- 文化的新奇性

異文化適応度
(1) 職務適応
(2) 対人適応
(3) 一般適応

出所）Black, S.（1991：303）

れが結果として海外派遣の生産性を向上させることにつながる．それでは，派遣者の異文化適応はいかにして促進されるのであろうか．

　異文化適応を促進する要因には，派遣前における① 個人的要因，② 組織的要因，派遣中における③ 個人的要因，④ 職務要因，⑤ 組織的要因，⑥ 組織の社会要因，⑦ 非職務要因，の7つがある（図表11－5）．これらの要因に関する情報量が派遣前の段階に多いほど，派遣者の異文化適応は促進するといわれている．企業が派遣者に対して派遣前の段階に適切なサポート（研修等）を実施することが，派遣後の派遣者の作業の能率を上げることにつながるのである．

（3）日本人派遣者の異文化適応促進要因

　以上の点を踏まえ，これを日本人派遣者の異文化適応に照らし合わせると，以下のようなことが指摘できよう．

　まず，日本人の派遣者には初めから自己効力感を高くもったり，対人関係能

力に自信をもっている人は，諸外国より少ないといわれている．しかし，派遣経験が豊富になってくると，海外における自分自身の適応能力を過信するようになる恐れがある．派遣の環境が変われば，過去の経験が全く通用しないことも少なくない．派遣前に期待していたほどの力が自分にないことがわかると，職務遂行に対する自信喪失がおこり，そのぶん適応に時間がかかってしまう．このことは，派遣者の③個人的要因は「海外経験の回数」に影響を受けるものであることを示唆している．

　次に，日系多国籍企業は欧米多国籍企業に比べて，③個人的要因をあまり重視しない傾向にあることが指摘できる．欧米多国籍企業では，海外派遣は特定個人の職務経歴であるが，日本では海外派遣が全従業員にとって通常のジョブ・ローテーションの一部であることがその理由である．つまり欧米では，派遣には海外業務のスペシャリストを登用するので，その派遣者の③個人的要因に注目が集まる．一方，派遣者を全従業員の中から選抜する日本では，③個人的要因よりも，むしろ④職務要因の促進に力を入れるのである．異文化の中で新しく出会った人々とうまく交流できたり，文化の目に見えない要素やルールを理解する能力を備えていることは，日本人にとっても速やかに現地に適応するうえで有効な要因であろう．この他，日本人は歴史的経験からいっても異文化との接触に不慣れであることにもっと目を向ける必要があろう．江戸時代には2世紀以上にもわたって鎖国状態が続いた．その間，人びとは日本独自の文化・文明が形成することができた．しかし，その時代に培った閉鎖的メンタリティーは明治維新以降も続き，諸外国のものを摂取することには長けても，積極的に外に向かって自己表現することは不得手な状態のままである．海外派遣者には，このような歴史的認識に基づいたもっと「自文化」に関する知識を獲得させることが肝要といえる．

　④職務要因に関しては，日本社会は言葉による直接的・明示的表現よりも，間接的・暗黙的表現が好まれることから，仕事も言語化されない部分を察しながら進められていく．日本人管理職と現地従業員は，事前に共有するコンテク

ストをもちえないので，言語情報で意味を伝えなければならない．言語情報で意味を伝えるためには，明示的コミュニケーションを用いて，自分の意図を的確に相手に伝える必要がある．現地従業員が日本人管理職の指示は非論理的で不明確であり，何がいいたいのか良くわからないと批判することがあるが，これもマネジメント能力の不足よりも，コミュニケーションスタイルの違いにより意思の疎通を欠いた結果であると考えられる．

　日本人派遣者の場合，派遣先で管理職に就く場合が多いことから，マネジメントスタイルの違いに着目することも肝要である．国内外の既存研究において日本人管理職の能力不足が指摘されてきているが，その理由としてマネジメントスタイルがあげられることが多い．日本の企業は，稟議制度に基づく集団的意思決定を旨としている．関係部門間で公式・非公式の会議を繰り返し根回しに時間をかける．そのために，意思決定に時間がかかる上，誰が意思決定したのかが不明瞭な自体が発生する．日本国内では，関係者の意見をどのように集約し，調整するかがマネジメント能力ととられ，その成否によって有能かどうかが問われる．しかし，現地従業員の目から見ると，日本人管理職は，一人で迅速に意思決定できない管理者に映るのである．この他，日本人管理職から現地従業員を見ると，気が利かない，指示したことしかできないといった不満が出る．日本独特のいわゆる"察する能力"を身につけること，コンテクストを共有するための努力をすることを是とする考えの日本人管理職には，それを行わない現地人従業員は職務怠慢，もしくは職務遂行能力が欠如していると映ってしまう．両者の溝が埋まらない場合，双方の不信感がつのり，満足感の低下につながる．コンテクストを共有できない現地従業員には，ますます情報のフィードバックがなくなり，権限の委譲も行われなくなるのである．

　日系多国籍企業における本社主導の海外管理方式には，さまざまな批判がなされている．それにもかかわらず，今のところその体制には大きな変化はみられない．批判の多い本社主導の管理方式は，現地社会との関係に負の影響を少なからず与えている．この意味において，日系多国籍企業の経営体制は，派遣

者の⑤組織的要因と⑥組織の社会化要因の促進の妨げになっている可能性が高い．21世紀に入り，各国多国籍企業の間で急速に実施率が上がっているものに進出先における企業の社会貢献活動（corporate philanthropy）があげられる．これは，企業市民（corporate citizenship）という概念に立脚したものであり，進出先において現地社会の一員として活動を展開することを目的とした企業行動といえる．企業の経営体制が現地社会と良好な関係を築いていることは，派遣者により快適な現地生活を提供することになる．このような企業体制は，派遣者の現地適応を促すことにつながる．

⑦非職務要因に関しては，帯同の現地適応が派遣者本人の現地適応と強い相関関係にあることは，これまで多くの研究結果で明らかにされてきた．企業よる帯同家族のサポートも日本人派遣者の現地適応を大きく促進すると考えられる．

このように，日本には他国にない独特の文化が数多く存在することから，派遣者には派遣前の段階において，その特異性を整理し，現地との違いを認識させておこくとが現地適応を促進すると考えられる．

今後，グローバル化がさらに進めば，複数の文化圏の人びとの異文化問題が大きくなってくることが必須となる．「自文化」と「他文化」にとどまらない，"多文化"への対応，すなわちダイバーシティ・マネジメントに関する問題の解決が今後の課題といえよう．

演・習・問・題

問1 多国籍企業ではなぜ異文化マネジメントが重要か説明してみよう．

問2 多国籍企業のグローバル人材教育のうち，その中核をなしているのが異文化教育である．日系多国籍企業に適した異文化教育とはどのようなものか分析してみよう．

問3 海外派遣者が異文化に接した時にたどるカルチャー・ショックから異文化適応へのプロセスと，日本人派遣者の異文化適応を促進する要因を考えみよう．

参考文献

Adler, N.（1991）*International Dimensions of Organizational Behavior*, South-West College Publishing.

Black, S., Medenhall, M. & G. Oddou（1991）"Toward a Comprehensive Model of International Adjustment," *Academy of Management Review*, No. 16.

Ferraro, G.（1990）*The Cultural Dimention of International Business*, Prentice Hall.（江夏健一・太田正孝訳『異文化マネジメント』同文舘，1992年）

Hall, E.（1976）*Beyond Culture*, Anchor Press.

Hofstede, G.（1991）*Cultures and Organizations*, McGraw-Hill.

石田英夫編著（1995）『国際人事』中央経済社

中根千枝（1972）『適応の条件』講談社

田中利佳（2005）『日系多国籍企業における企業内教育訓練』創成社

吉原英樹・岡部曜子・澤木聖子（2001）『英語で経営する時代』有斐閣

《推薦図書》

1. Trompenaars, F. and M. Hampden-Turner（1997）*Riding the Waves of Culture*, Nicholas Brealey.（須貝栄訳『異文化の波』白桃書房，2001年）
   国際ビジネスにおける異文化問題を文化人類学の視点から考察．

2. 石井敏・久米昭元・遠山淳編著（2001）『異文化コミュニケーションの理論』有斐閣
   異文化に関する理論をわかりやすく，かつ包括的に解説．

3. 林吉郎（1985）『異文化インターフェイス』有斐閣
   日本企業の行動様式や日本的な考え方を独自の異文化理論を用いて分析．

4. Furnham, A.（1997）*Corporate Culture Shock*, Times Books Interna-tional.
   企業内の異動によって人が陥るさまざまなカルチャーショックをプラス思考で解説．

5. 馬越恵美子（2000）『異文化経営論』学文社
   異文化における海外派遣者の行動を異文化経営論を機軸に体系的に明示．

6. 日本労働研究機構編（2001）「日系企業の海外派遣者」日本労働研究機構
   大規模なアンケート調査の結果をもとに海外派遣者のキャリアや意識特性，異文化適応の促進要因などを解明．

第 IV 部
グローバル CSR

- 第IV部 グローバルCSR
  - 第12章　多国籍企業の企業倫理
  - 第13章　CSRの国際比較
- 第Ⅰ部　グローバル・ビジネスの基礎
- 第Ⅱ部　国際競争戦略
- 第Ⅲ部　グローバル・マネジメント

国際経営
グローバル・マネジメント

第12章の要約

　1990年以降，CSRは多義性を含んだ概念として変化を遂げている．その背景には，企業不祥事の続発，グローバル化の負の側面，デジタル・デバイドの減少，環境問題等の要因があり，CSRをグローバルレベルで捉える必要が生じている．この事から，世界規模で活動する多国籍企業にとってもグローバルCSRが求められるようになった．多国籍企業の企業倫理をとらえる前提として，企業倫理そのものの概念を概観した．経済学での企業像は，「利潤の最大化」を唯一の目的とするモデルであるが，実際の企業マネジメントを考えた場合，企業を取り巻く内外部のステークホルダーとの関係を重視する必要がある．キャロルの社会的責任モデルや近年の企業経営では，経済的責任や法令順守に加えて倫理的責任や社会貢献的責任が一層重視されており，企業の存続に影響するのである．その上で，グローバリゼーションの特性から，いかに倫理問題が生じるのかを導き出した．多国籍企業の倫理問題にも，国際経営が抱える基本的ジレンマである「分化―統合」の側面が影響している．つまり，現地の商習慣・労働条件・文化・習慣・環境基準への適応を徹底すべきか，あるいは，本国・グローバル基準で行動すべきであるのかの二律背反的な選択である．このような多国籍企業の企業倫理のジレンマを的確に表現している事例として，「賄賂問題」「労働問題」「ホスト国の文化・慣習の軽視」を踏まえて検証した．

第12章　多国籍企業の企業倫理

1. はじめに

　CSR（Corporate Social Responsibility＝企業の社会的責任）は，企業経営に携わる者だけでなく，マスコミ，学会，国内外の一般社会の中で広く注目され始めている概念である．近年では，アメリカで起こった通信・エネルギー関連企業による利益水増し・粉飾決算の事件，日本でも大手食品メーカーによる集団食中毒事件，自動車企業によるリコール隠し，牛肉偽装事件，家電企業による石油温風器の事故，最近ではIT関連企業による粉飾決算・タックスヘイブン等の疑惑などで，「企業の社会的責任」（以下：CSR）という言葉を聞かない日はほとんどなくなったのではないだろうか．

　しかし，CSRという用語は，とくに最近創られた言葉ではない．古くは，1960年代から70年代にかけて公害問題で頻繁に叫ばれるようになり，80年代には企業が芸術・文化活動に資金を提供するという意味合いが強かった．しかし，90年代に入り，CSRは多義性を含んだ形で変化を遂げている．その理由は，第1に，企業不祥事の続発による企業倫理の問題．第2に，企業活動のグローバル化の進展による，グローバル化の負の側面である．つまり，多国籍企業の活動範囲の拡大が，進出先市場での経済的側面への影響のみならず労働問題・環境問題も引き起こしているのである．第3に，情報技術の進展による情報格差（デジタル・デバイド）の減少を通じた，NGO・NPOの積極的な社会活動の展開．第4に，地球環境の悪化による生態系への影響等があげられる．今日のCSRは，その他にもさまざまな影響を受けて，その意味合いを変化させているが，とくに，地球規模に活動する多国籍企業にとっては，これまで経済活動一本で邁進し発展してきた時代から，社会問題・環境問題に対しても積極的に取り組むグローバルCSRが求められるようになってきているのである．

　たとえば，多国籍企業が取り組むべき社会問題は，雇用・労使関係，労働にともなう安全，衛生問題，児童就労・強制労働の問題などがあげられる．また，

環境問題に関しては，温暖化・森林破壊・砂漠化など深刻な地球環境悪化の防止措置．その他にも，顧客に関しては，健康・安全面での問題（製造物責任），プライバシーの問題（個人情報保護法）への対処が必要である．コンプライアンス（法律遵守）の問題では，贈収賄，不正競争，情報非公開，インサイダー取引による株価操作等があげられ，日本企業にも多く見受けられる．

CSRに関わるこれらの諸問題は，国内企業だけではなく，今後の多国籍企業の持続可能性にも多大な影響を与える重大な問題である．このことから，本章と次章において，従来まで経済活動による利益追求を企業目的として一義的に考えてきた多国籍企業が，経済・社会・環境の問題を三位一体で自主的に取り組むグローバルCSR活動に関して，とくに国際経営の特質に関連づけながら詳細に検討していきたい．まず，本章では，多国籍企業の企業倫理に焦点を当てる．さらに，次章では，CSRの国際比較に関して，国家レベル・企業レベルの取り組みおよびCSRの国際標準の整備に関して言及していく．

2. 企業倫理とは

（1）企業活動の目的の変化

多国籍企業の企業倫理を考察する前提として，企業倫理の概念の定義が必要である．その際，「企業活動の目的とは何か」という経営学・経済学では基本的な事柄を念頭に置くことが重要である．伝統的な経済学の中の企業像では，企業は完全競争市場の中で「利潤の最大化」を唯一の目的として活動する存在であり，組織内・組織外の調整を考慮する必要のない主体として位置づけられてきた．

しかしながら，このような企業モデルは現実の企業マネジメントを考えた場合，果たしてどれ程有効なのであろうか．今日，企業の規模が拡大し，多くの資本を株式市場から調達するようになれば，企業の所有者である株主と実際の経営の舵を取る専門経営者とは分離するようになる．いわゆる，「所有と経営の分離」の問題である．そのため，本来，専門経営者は株主の利益を第一に優

先して行動する必要がある．それと同時に，利潤の最大化を求めて企業規模の拡大を行えば，企業組織を構成する従業員との関係，企業が生産する財・サービスのインプットとアウトプットにおけるサプライヤーや顧客との関係，国や地方自治体への納税やコンプラインス，さらに地域住民との社会関係といったきわめて多種多様な外部ステークホルダーとの調和を図ることが実際の企業活動には必要になってくるのである．

つまり，企業経営では，企業活動の目的を単なる利潤の最大化から，株主・従業員・サプライヤー・顧客・地域住民等を含めた相互依存関係にある全てのステークホルダーの利益を実現すべきと考える企業観へと変化しているのである．このように企業が社会に対して果たすべき責任を自覚する考えを「企業の社会的責任」(CSR) とよんでいる．

(2) 社会的責任モデル

キャロル (Carroll, A. B., 1991) は，企業が果たすべき責任を，「経済的責任」「法律遵守の責任」「倫理的責任」「社会貢献（慈善）的責任」から成る企業の社会的責任モデルとして提示した（図表12－1参照）．「経済的責任」とは，企業活動の本源的な意味として，製品・サービスを生産し，売上の最大化，コストの低減を試みるなどして利益を獲得し，株主に利益を還元することにあり，他のすべての責任の基礎を成している．「法的遵守の責任」は，国の法律・自治体の条例，たとえば，証券取引法，環境保護法，労働法，消費者保護法等の法律を遵守する責任である．「倫理的責任」とは，実際の経済活動やコンプライアンスとは異なり，規則等として明文化されていないが，ステークホルダーが期待する公正な行動や正義に適った活動を行い，倫理的なリーダーシップを企業が採ることを意味している．「社会貢献的責任」は，良きコーポレートシチズンシップ（企業市民）を発揮し，地域社会や生活の質の改善に貢献することを意味している．たとえば，フィランソロピーやメセナといった活動が含まれる．

しかし,ここで注目すべき箇所は,前者の経済的責任・法律遵守の責任と後者の倫理的責任・社会貢献的責任の相違である.前者は,企業の利潤獲得および法律を遵守し社会に責任を負うことは,常に企業がステークホルダーから要求される責任としてみなされている.一方,後者は,企業が必ず遂行し,遵守するべき責任ではなく,むしろステークホルダーの期待や願望として企業自らの意思で果たそうとする責任である.

(3) 企業倫理重視の経営体制へ

しかし,キャロルの社会的責任モデルに従い,企業がさまざまなステークホルダーとの調整を優先し,倫理的責任・社会貢献責任を重視してしまうと,本来獲得できる利潤が制約されてしまうことが生じる.では,実際,企業の利潤最大化と倫理的責任・社会貢献活動はバランスがとれるものなのであろうか.今日では,企業の利潤活動は,法律を遵守している限りにおいて正当性が保持できるという考えに意義が問われ始めている.とくに,企業の不祥事が続発する中で,コンプライアンスはもとより倫理的責任が重視され,規範的な行動原則ともいえる企業倫理の必要性が社会で強く求められているのである.このことから,経済的活動を無理に推進することで不祥事を続発させ,さらに,事件を隠蔽する行為は,不買運動や株価低迷,業績悪化・倒産等の経済的損益を被り,むしろ利潤獲得へ逆効果であるとの考えが広まっている.また,企業が倫理的な行動を無視していれば,従業員の職務満足度も減退し,企業の価値源泉である創造性が抑制されてしまう.

つまり,外部・内部のステークホルダーから倫理的企業であるという評判・信頼を獲得することにより,たとえ短期的な利潤を喪失したとしても,長期的な観点からみれば企業の収益に貢献するという考えもあり,企業倫理と利潤獲得の均衡はとれるという意識が現在では高まっている.

しかし,専門経営者と株主という2者間で,企業倫理と利潤獲得のバランスが保持されているとは言い難い.現在の企業の株主構成は,機関投資家や個人

図表 12 − 1　企業の社会的責任モデル

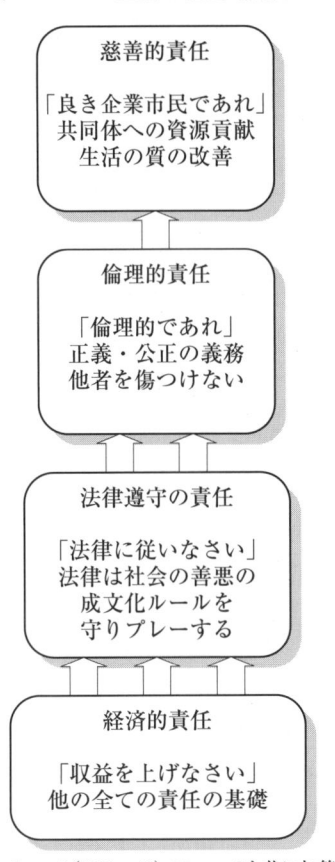

```
┌─────────────────┐
│   慈善的責任     │
│「良き企業市民であれ」│
│ 共同体への資源貢献 │
│   生活の質の改善   │
└─────────────────┘
         ↑
┌─────────────────┐
│    倫理的責任    │
│  「倫理的であれ」  │
│  正義・公正の義務  │
│  他者を傷つけない  │
└─────────────────┘
         ↑
┌─────────────────┐
│  法律遵守の責任  │
│ 「法律に従いなさい」│
│  法律は社会の善悪の │
│   成文化ルールを   │
│   守りプレーする   │
└─────────────────┘
         ↑
┌─────────────────┐
│    経済的責任    │
│  「収益を上げなさい」│
│  他の全ての責任の基礎 │
└─────────────────┘
```

出所）Carroll（1991：42）Figure 3を基に加筆修正

株主が増加しており，従来まで一般的であった大企業やメガバンクといった持合株主の体制が崩れている．機関投資家や個人株主の株式保有の目的は，企業経営への積極的な参加ではなく，配当金や売却益の獲得にある．そのため，専門経営者が倫理的に振舞い，株主の利益を第1に考えるならば，利潤に占める配当割合を向上させるべきである．しかし，専門経営者は，独自の利害関係を企業内部に有しているために，企業の長期的存続のために株主に分配される利潤の一部を内部留保したり，不祥事の隠蔽に利用したり，私利私欲の追求に当てているかもしれない．とくに，日本企業においては，企業あるいは専門経営

者の利潤追求と株主の配当金獲得の間における倫理的・社会貢献的責任の整備が整っている訳ではなく，コーポレートガバナンスの再構築が急がれている．

(4) 企業倫理学の成立

企業倫理学（Business Ethics）は，1980年代のアメリカで起こった学問的・社会的な変遷を背景として成立したものである．

まず，第1に，哲学・倫理学における科学中心の分析哲学やメタ倫理学から実用的に応用可能な現実問題への回帰がなされていた．第2に，哲学・倫理学が，現実回帰する方向とは逆に，経済学・経営学では，数量的モデル化と実証科学が先行したために現実問題を単純化してとらえすぎたために，人間や社会の複雑な価値観を軽視する傾向にあった．さらに，ビジネススクールでの教育は，高度に技術化された生産管理・人的資源管理および利潤の最大化を目的とする戦略論等が主流となり，教育を受けたビジネスエリートは，私利私欲・自己実現のためには手段を選ばないという経営手法で，多くの社会問題・訴訟事件を起こした．その反省から，経済学・経営学の分野では，とくに人間や社会に対する深い理解といった道徳的価値観に関する学問をカリキュラムへ追加したのである．第3に，実業界においても，新自由主義経済学を信奉するレーガン政権下で，企業活動に関わる規制緩和・自由化が活発に行われた結果，アメリカの経済を活性化させたが，その一方で，企業の不祥事が多発した時代でもあった．利潤追求のプロセスの中で，賄賂・不正会計・環境汚染・不良品販売・労働条件の劣悪化などの問題が多数生じたのである．

これら3つのアプローチが有する課題と方法論が，1980年代のアメリカで相互作用し，企業の行動規範とはいかなるものであるのかを考える企業倫理学が発生したのである．

3. グローバリゼーションとステークホルダーへの影響

前節では，企業倫理を含めたCSRの概念に関して言及した．これら概念の

適用は，企業とステークホルダーとの関係を一企業・一国内レベルで限定して考察するには十分有用である．しかし，世界中に拠点を配置して活動する多国籍企業においては，本国とは異質な多種多様なステークホルダーとの関係性を構築していく必要がある．しかも，各国ごとに研究開発，生産，販売，調達等の機能的展開のレベルが異なり，それに応じて関係性のレベルも異なってくる．さらに，各国のステークホルダーが，多国籍企業に求めてくるCSRもおのおの異なるために，多国籍企業は，一国内レベルと比較して，広範囲かつ複雑なグローバルCSRを形成していく必要がある．

また，グローバルCSR形成の背景には，多国籍企業およびその利益を享受する国家主導のグローバリゼーション（地球規模化）の負の影響が非常に大きいと考えられる．そこで，本節では，本巻を通じた共通テーマである「グローバリゼーション」とはいかなるものなのかに関して再度概観し，その中で倫理問題がいかに生じるのかに関して言及していく．

(1)「経済・制度・質的」のグローバリゼーション

グローバリゼーションをもっとも端的に表現できるキーワードとして，「経済のグローバリゼーション」がある．経済のグローバリゼーションとは，旧共産主義国や現社会主義国の市場経済への移行，世界各国での開放経済化・規制緩和により促進される経済のボーダレス化を意味している．経済のボーダレス化にともない，従来では多国籍企業の市場参入が困難であった国ぐにが，新たな競争市場として出現してきたのである．最近では，ブラジル・ロシア・インド・中国などのBRICs 4ヵ国の市場が注目され，多国籍企業の業績を左右する主戦場としてみなされている．

こうした地球規模での経済の一体化は，競争激化を促進するだけではなく，「制度面のグローバリゼーション」をもたらしている．たとえば，非関税障壁の撤廃，WTO（世界貿易機関）の設立等にともなう貿易ルールの確立，技術開発における事実上の標準（デファクトスタンダード）である部品や製品の規

格化，ISO（国際標準化機構）による品質管理や環境マネジメントのシステム面での標準化が形成されている．

さらに，制度面でのグローバリゼーションは，「質的なグローバリゼーション」を引き起こすのである．かつて，レビット（Levitt, T., 1983）は，通信技術や輸送技術の発達が，各国市場を同質化に向かわせ，各国国民・民族独自の伝統や慣習に基づく嗜好を捨て去り，世界最高の品質と世界最低の価格を兼ね備えた製品・サービスを求めると論じている．レビットがいうように世界市場が同質化の方向に移行すれば，企業に求められるのは，製品の標準化を図り，国家特殊的優位性に基づいて世界規模で拠点の配置場所を決め，グローバルに統合化を遂行することで経済的効率性を高めることができるのである．

(2) イデオロギーとしてのグローバリズム

グローバリゼーションとは，各国市場に国際競争，ルールの標準化，市場の同質化といった経済的影響をもたらすだけではなく，グローバリゼーションを推進しようとするイデオロギー（グローバリズム）を各国市場に適用させようとする意図も働いている．このグローバリズムの考え方は，「アングロサクソン（アメリカン）型・スタンダード」と同義語であることはいうまでもない．アングロサクソン型の価値観とは，軍事力・金融資本・政治交渉力・国際的機関・音楽・映画等の文化を背景とした資本主義思想である．現在では，社会主義国・共産主義国が次つぎと崩壊し，「自由や強者が勝利をもたらす」ことを標榜するアメリカがこれまで以上にアングロサクソン型の思想を推進させようとしている．

(3) グローバリゼーションへの抵抗

しかし，上述の経済・イデオロギーのグローバル化は，将来的な方向性を示しているものであり，現在，全世界で完全に達成されている訳ではない．こうしたグローバリゼーションへの対概念として，「ローカリゼーション」がある．

ローカリゼーションは，現地化・現地適応化の意味である．つまり，現実的には，経済の発展段階・開放経済の取り組みも各国で異なり，政治・法制度・社会・文化も各国・各民族単位での相違が依然として認められている．また，多国籍企業が供給する標準的製品・サービスに対する各国市場のニーズも業界や製品レベルで異なっている．さらに，宗教に関する文化的相違は大きく，宗教的な配慮を欠如したグローバリゼーションへの信奉は国際経営戦略にマイナスの側面をもたらすだけではなく，国家間の政治的軋轢をも助長するのである．
　さらに，多国籍企業は，各国で機能展開のレベルが異なっているので，生産機能を有している拠点では，現地の環境問題への対策や地域住民への騒音問題等の理解が必要となってくる．販売機能・調達機能を有していれば，現地の顧客やサプライヤーと密接な関わりが重要になってくるのである．また，グローバリゼーションのイデオロギーは，富裕な国を一層豊かにし，貧困な国を一層貧しくさせたとする反感を生み出し，反グローバリズムのイデオロギーを創出することになった．

　本節では，グローバリゼーションとローカリゼーションの二律背反的な命題をみてきたが，これらの現象は国際経営が抱える基本的なジレンマであり，とくに，国際経営管理や国際経営戦略では「分化―統合」の側面で頻繁に議論されている問題である．
　しかしながら，この枠組みは，多国籍企業の企業倫理を議論する上でも適用可能な視点であろう．多国籍企業の各国拠点では，さまざまな文化，習慣・伝統を有したステークホルダーとの関係を構築していく必要があり，その際，現地の商習慣・労働条件・文化，習慣・環境基準への適応を徹底すべきであるのか．あるいは，本国やグローバルな基準で行動すべきであるのかの綱引きが非常に難しく，企業倫理に関するコンフリクトが生じやすいのである．たとえば，激化する国際競争の中で，コスト削減を徹底しようとすれば，本国の水準とはかけ離れた低賃金国での労働力の確保，現地では法的に認められている児童就

労（本国では禁止）を行うなどしてコスト削減を試みる必要がある．その一方で，多国籍企業が倫理的責任に適った正義・公平・公正のもとで行動しようとするならば，自国の労働基準に近い賃金を現地労働者にも支払うべきであり，成人よりも安価な現地の児童就労を行うべきではないのである．

次節では，多国籍企業の企業倫理に関する特有の問題を提示し，企業倫理のジレンマに関する具体的な事例を取り上げる．

4. グローバル経営と企業倫理

本節では，多国籍企業の企業倫理に関する代表的な問題として「賄賂問題」「労働問題」「ホスト国の文化・慣習の軽視」について事例を踏まえて検証していく．

(1) 賄賂問題

1976年2月に明るみになった戦後日本を代表する汚職事件であり，当時のアメリカの大手航空機製造会社のロッキード社が，全日空を初めとする世界各国の航空会社に自社の4億ドル相当の大型ジェット旅客機「L-1011 トライスター」を購入させようと売り込みを図っていた時のことである．当時のロッキード社副会長のアーチボルド・コーチャンは，日本におけるロッキード社のブローカーである大物右翼から全日空への売込みには，日本の政府高官の援助が不可欠であり，その見返りに「礼」（賄賂金）が必要であると告げられた．コーチャンは，21億円余りを「コンサルタント料」として大物右翼に支払い，その内の5億円が当時の内閣総理大臣である田中角栄にも流れたのである．

そして，田中元首相に関する裁判が1977年に開始され，1983年に有罪判決を受けた．ロッキード社のコーチャンは，日本の検察による免責，当時の日米犯罪人防止条約，国際贈賄防止条約の発効の遅れから日本で起訴されなかった．

その後，アメリカ議会でコーチャンは，「アメリカでは企業活動を促進させるために，政府高官に賄賂を贈ることは禁止されており，違法であることは

知っていた．しかし，日本でビジネスを行う場合，政府高官に賄賂を贈ることは当然の商習慣であることを教えられ，私はその商習慣に従っただけである」と証言した．また，「賄賂を贈ることは，良心が咎めたが，契約が成立しなければ，従業員の雇用や財務の健全の維持が困難になった」と続けた．

　ロッキード事件の背景には，ホスト国で円滑にビジネスを展開するためには，賄賂の贈与が習慣化されている場合，有力な政府高官に賄賂を贈るか，もしくは，倫理性に適ってビジネスの機会を失うかのジレンマの問題が指摘できる．とくに，ロッキード事件の場合には，アメリカでは外国の政府高官に賄賂を贈与した際の罰則がなく，従業員の雇用や健全な企業経営の維持のためには，反倫理的な行為は許されるのであろうかという点に関して企業倫理の問題が生じたのである．

(2) 労働問題

　スポーツシューズやアパレルを生産・販売しているナイキは，1962年に設立した．2002年時点では，自社工場はもたず，51ヵ国736工場の協力工場に生産を委託しており，生産段階で56万人，配送・小売・サービスを含めるとおよそ世界中で100万人が従事していた．とくにスポーツシューズは，売上の60%を占めており，12ヵ国68工場で生産していたが，ライバル企業への情報漏れを防ぐために協力工場と長期的関係を構築している．

　その中で，1990年代の前半に，労働力がアメリカと比較してきわめて安価であるフィリピン，インドネシア，中国へ工場を移転することを決定した．その理由は，スポーツシューズ業界での競争優位を保持するために，人件費が半分以下に下がることを意図したコスト削減の戦略にある．しかし，3国におけるナイキ工場の労働環境はきわめて劣悪であった．たとえば，長い労働時間，休暇の無視，低賃金，給食のひどさ，暴力の蔓延，過酷な罰則，高温室，飲料水の欠如などである．そして，最大の問題は，15歳以下の児童を労働力とし

て雇用していたことである．児童労働の雇用は，当然アメリカでは禁止されていたが，進出先のフィリピン，インドネシア，中国ではそのような規制がなく，法の隙間を付いて，現地適応化を図ったのである．しかし，その後，イギリスのBBCやアメリカのCBSなどのメディアを通じてナイキ工場の実態が明るみにでて，その代償として，ヨーロッパやアメリカで不買運動のキャンペーンで莫大な損失を負ったのである．また，ナイキは多数のNGO団体の監視の目にさらされることになった．

ナイキの事例は，多国籍企業が合法的に現地適応化を図ったにもかかわらず，その活動が非倫理的になりうることを示している．ナイキは，当初，進出先の児童労働に関して雇用を創出していると主張していたことから，現地での活動はコンプライアンスを遵守していると同時に，現地の国家特殊的優位性を利用して活動しているだけであると，自社の活動に正当性があると認識していたのである．しかし，全世界から反倫理的であると非難を浴びた企業は，不買運動により持続可能性が危ぶまれることになるのである．

(3) ホスト国の文化・慣習の軽視

賄賂問題・労働問題は，主にアメリカ多国籍企業にまつわる企業倫理の事例であった．しかし，アメリカ企業だけでなく，日本の多国籍企業も，海外でさまざまな倫理問題に直面している．ここでは，三菱自動車のアメリカ子会社（MMMA）のセクハラ訴訟と大和銀行ニューヨーク支店の巨額損失事件に関して検証していく．

三菱自動車工業の在米子会社であるアメリカ三菱自動車製造（MMMA）は，1992年11月から翌93年8月にかけて，29人の女性従業員（元従業員も含む）によりセクハラや昇進資格での女性差別を理由に米国雇用機会均等委員会（EEOC）への申し立て，94年に集団訴訟を起こされた．MMMAは，男性従業

員によるセクハラを会社側は関知していないと訴えたが，結局，セクハラを防止する措置を怠ったとして，EEOCによる和解でセクハラ訴訟では史上最高の和解金である3,400万ドル（約49億円）を支払うことで決着した．また，裁判期間中，MMMAは2年以上の歳月と訴訟費用を含めて5,000万ドル以上の資金を費やし，その上，イメージダウンによる不買運動のキャンペーンにより自動車の売上は大幅に落ち込んだ．

また，大和銀行ニューヨーク支店の巨額損失事件では，同支店の行員が1983年から11年間にわたり，米国債などの不正取引を3万回も繰り返し，最終的に11億ドルもの損失を出したことが発覚した．この事例では，担当の行員だけでなく，1992年に米国監督官庁であるFRBの検査が行われたのにもかかわらず，ニューヨーク支店では支店ぐるみで欺瞞工作を図り虚偽の報告を行っていたのであった．さらに，日本の大蔵省（当時）は1995年8月にニューヨーク支店の不祥事に関して大和銀行から報告を受けていたにもかかわらず，9月18日までFRBへの報告を遅らせてしまった．以上のことから，不正に直接関与した行員だけでなく，支店長も逮捕されることになった．大和銀行ニューヨーク支店も詐欺で起訴され，1995年11月に3億4,000万ドルの罰金とアメリカにおける免許剥奪の処分を受けたのである．

アメリカ三菱自動車と大和銀行ニューヨーク支店の事例の含意は，セクハラがこれ程大きな問題に発展するとは当時の日本国内での常識ではとらえきれないものであったことを示している．つまり，セクハラ問題が起こった時の対処方法が三菱自動車では希薄だったのである．大和銀行ニューヨーク支店での事例では，不正を起こしたことはもちろん悪いことではあるが，さらにそれを支店が率先して隠蔽しようとした点に倫理上の問題がある．また，日本での業界慣行に沿って，大蔵省との協議を優先したばかりに，FRBへの報告が遅れたことが事態を一層悪化させたのである．

(4) その他の多国籍企業の企業倫理問題

　その他にも，多国籍企業が関係する企業倫理の問題として，進出先の国の環境保護や住民への安全・健康を考慮して現地適応化するのか，それとも，合法であるならば経済的効率性を優先するのかのジレンマがある．しかし，近年では発展途上国への進出に際して，環境・安全・健康への認識が向上しており，それを怠れば撤退に至る場合もある．さらに，脱税・租税回避の問題がある．移転価格を不正操作することで，特定国の現地子会社に利益を計上し，逆に，別国子会社の利益を抑制するなどして粉飾をする問題がある．また，租税回避地（タックス・ヘイブン）にペーパーカンパニーを設立し，迂回販売することで租税回避を図る問題があり，両者も多国籍企業の企業倫理問題にとって重要な事項である．

　上述の「賄賂問題」・「労働問題」の事例は，主として多国籍企業が現地国への適応を試みたにも関わらず，本国や全世界で厳しい倫理上の批判を受けたという意味で，「現地化の負の側面」といえる．その一方で，「ホスト国の文化・慣習の無視」の事例では，自国の常識や慣行にとらわれていたために，現地への適応化を怠り，現地からの批判を受けるだけでなく，現地での業務停止につながり，結局，撤退することを余儀なくされたのである．これらは，「本国・グローバル化の負の側面」といえるだろう．つまり，多国籍企業に関わる企業倫理の問題は，ジレンマを含んでいるのである．このジレンマを解決する手段として，近年では，一国レベルでの法制度や価値観の相違を超えて，国家間で共通理解が得られるような企業倫理ガイドラインや品質管理・環境マネジメントに関するシステム面での標準化が進展しているのである．

演・習・問・題

問1　1990年代以降のCSRの変化の背景には，どのような要因があるか．具体的に答えなさい．

問2　多国籍企業の企業倫理のジレンマとは，いかなるものか．具体的に答えなさい．

参考文献

Carroll, A. B. (1991) "The Pyramid of Corporate Social Responsibility: Toward the Moral Management of Organizational Stakeholders," *Business Horizons*, July-August.

Levitt, T. (1983) "Globalization of Markets," *Harvard Business Review*, May-June.

岡本亨二 (2004)『CSR入門―企業の社会的責任とは何か』日経文庫

財団法人経済広報センター (2002)『経済広報　7月号』「危機管理　リレー・エッセイ⑯」

財団法人日本在外企業協会 (2005)『月刊グローバル経営　6月号』「特集　グローバルCSRを考える」

佐久間信夫・出見世信之編 (2001)『現代経営と企業理論』学文社

高巌・T. ドナルドソン (1999)『ビジネス・エシックス』文眞堂

竹田志郎編 (2003)『新・国際経営』文眞堂

根本孝・茂垣広志・池田芳彦編 (2001)『国際経営を学ぶ人のために』世界思想社

水谷雅一編 (2003)『経営倫理』同文舘

―《推薦図書》―

1. 高巌・T. ドナルドソン (1999)『ビジネス・エシックス』文眞堂

　　21世紀の社会的・倫理的な環境変化の中で，企業がどのような役割を担っているのかをわかりやすく解説している．とくに，多国籍企業に関する企業倫理の特徴が詳しい．

第13章の要約

　本章では，CSRのヨーロッパ・アメリカ・日本の国際比較を検証する．各地域・各国の歴史的背景も影響し，初期段階での取り組みは多種多様である．ヨーロッパでは，失業問題や環境問題が契機となり，さらにEUが中心となりCSRへの積極的な試みを行っている．その中でも，イギリスは世界初のCSR担当大臣の任命，北欧諸国は「自然環境との調和」に基づきCSRを推進しており，CSR先進地域として名高い．アメリカでは，企業不祥事や多国籍企業の増大，社会的貢献責任という視点からCSRにアプローチしている．とくに，多額の損害賠償訴訟やもっとも商業主義が発達した社会では，透明性の高い企業行動や多国籍企業進出先国でのステークホルダーとの調和・共存共栄の精神をいかに高めていくのかが重要である．日本では，現代のCSRに通ずる道筋として1970年代の公害問題が契機となり，企業の社会的責任という概念が導入された．そして，最近になり欧米の概念を導入してCSRが一層精緻化されている．政府・産業界・企業が個々にその取り組みを模索している状況である．また，近年，CSRの国際標準の整備が進み，とくにISOのCSR規格における議論では，社会的責任を負うのは企業だけではなく，あらゆる組織が負うべきであると定義していることから，今後のグローバルCSRの進化を担うのは企業だけでなく，NPO・NGO，公的機関，個々人に委ねられてくると考えられる．

第13章　CSRの国際比較

1. はじめに

　CSR（Corporate Social Responsibility＝企業の社会的責任）は，今日幅広く社会に認知される一方で，その概念は非常に多義的である．たとえば，経営学の立場では，企業の不祥事・コーポレートガバナンス（企業統治）の視点から，証券投資や金融・会計学では，社会的責任投資（SRI）の観点から，NGO・NPO論からすれば企業とステークホルダーの関係から定義がなされている．このように，CSRは，各者・各論の置かれている立場，多種多様な専門領域から幅広く特徴づけられる学際的な分野であり一義的に定義を行うことは非常に難しい．

　ここで，あえて，経営戦略・国際経営戦略の視点に立脚して，CSRを結び付けるとすれば，それは「競争優位の持続性の問題」に帰着するであろう．これまでの，競争優位の持続性の議論では，企業を主体としてただ利潤を追求すればよいという経済的論点が主流であり，社会・環境等の外部環境は一般的に軽視されてきたといっても過言ではない．たとえば，競争戦略論の大家であるハーバード大学のポーター（M. E. Porter）教授による「ファイブ・フォース理論」によれば，企業を取り巻く顧客・サプライヤー等のアクターは価格交渉を押し付けてくる単なる「敵」とみなし，企業が有利なポジションを築く際の理論的視座として有名である．また，多国籍企業が実行する国際経営戦略では，資源獲得・市場拡大にともなう企業利益を求めて，あるいは，低賃金労働の国に拠点を配置するコスト削減を試みる等の経済的拡張および効率性重視の経営を実践することを一義的に考え，現地のステークホルダーとはビジネスライクとしての関係を主としていたのである．

　このように従来の戦略論・グローバル経営論では，利潤を追求すべきであるという経済的目標こそが唯一の競争優位持続性に必要な要素であったといえる．その一方で，近年求められている企業の持続的な競争優位とは，経済・社会・

環境の3点を重視するより高次元の経営アプローチであると考えられる．そのため，前章でも述べたように，従来まで確固とした地位を構築していた有力企業が，利潤追求のみに傾倒し，CSRを軽視したおかげで，長期間に渡り構築してきた業界ポジション・市場シェアを簡単に失ってしまうという状況は免れないのである．また，不祥事が起こってから対処策を考えるのではなく，社会・環境に対して自主的に問題意識をもち，企業・事業活動にステークホルダーとの関わりを重視した取り組みを盛り込んでいく必要がある．とくに日本企業にとっては，CSRを企業倫理・コンプライアンスとして一義的にとらえるだけではなく，経済・環境・社会の3点に対して柔軟性のあるアプローチを実践することで，従来型の経営戦略・国際経営戦略を補完・強化する可能性が見出せるかもしれない．

しかし，上述のとおり，CSRを一義的に定義することが困難であることを踏まえれば，CSRに基づく企業の持続的な競争優位のとらえ方も，国家レベル・企業レベルで多種多様な取り組みが行われているのではないかと推察できる．ここでは，グローバルCSRをより深く理解していくために各国別・企業別におけるCSRの国際比較の取り組みを示すとともに，CSRに関する国際的なガイドラインや国際標準の整備に関して検証していきたい．

2. ヨーロッパのCSR

(1) ヨーロッパ全体の特徴

まず初めに，ヨーロッパ各国・ヨーロッパ系企業のCSRの特徴を概観していきたい．ヨーロッパCSRの誕生の理念は，社会・環境・経済の一体化したシステムとしてとらえることができる．そのため，アメリカや日本の環境・経済を重視したCSRの生起プロセスとは一線を画しており，今日，各種機関が定義するCSRの理念がもっとも進展した地域として名高い．

その起源に当たるのは，1920年代のキリスト教一部会派による教会資金の運用に際しての，アルコール・たばこ・ギャンブル・武器製造に関する企業へ

の投資廃絶キャンペーンという説があるが，もっとも大きな要因は，最近20年間の労働問題，とくに24歳以下の若年層による失業率の上昇が大きな要因であろう．それと同時に，ヨーロッパの人びとは，市民としての自立心が強く，国に依存するよりも自らが率先して行動していくという気概に溢れているために，NGO・NPO活動が活発に行われている要因もある．さらに，NGO・NPOで活躍する人びとは，企業経営の経験を積んだ経営者やコンサルタント等のエリート集団で構成されており，前章のナイキの児童就労などグローバル企業の社会問題に対して非常に大きい抑制力を発揮しているのである．その他にも，生態系の保護等の環境問題に対して積極的に取り組んでいるのが欧州全体の特徴であるといえる．

(2) EUの取り組み

　ヨーロッパCSRの高まりを後押しする形で，EUのCSRに対する積極的な取り組みも顕著にみられるようになってきた．2000年に，リスボン欧州理事会で策定された経済・社会政策に関する「リスボン戦略」の枠組みは，「EUを一層多い雇用と一層強い社会的結合を確保しながら，持続可能な経済発展を達成しうる世界で最も競争力があり，なおかつ力強い知識経済の地域に発展させる」という内容であった．その後，2001年7月に，EUの主要機関のひとつである欧州委員会は，リスボン戦略をベースとした「CSRのための欧州の枠組みの促進」というグリーンペーパーを発表した．つまり，このことから，EUではCSRを持続可能な経済発展と社会的結合を達成するための重要な要素として考えているのである．

　その背景には，ヨーロッパの深刻な失業問題が引き金となっている．従来まで，失業問題は各国政府が解決すべき問題であったが，EU加盟各国には財政条件が課されており，個別の財政出動による雇用創出が不可能になっている．そのため，グリーンペーパーでは，ステークホルダーの中でも「従業員」を中心とした問題を強調している．たとえば，企業内部でのCSRの実践は，第一

に雇用者に影響を与えるべきであり，人的資源・健康・安全性・管理などに関係している．また，企業外部のステークホルダーの CSR に関しても，地域住民の雇用の促進に加えて，地域住民の健康・安定・繁栄を重視している．その後，EU は，2002 年 7 月に，CSR を政策的に推進するための基本戦略として「企業の社会的責任，持続可能な発展に対する企業の貢献」を提示し，2004 年 6 月に，CSR マルチステークホルダーフォーラムにより最終報告書を公表している．

(3) 各国別の取り組み

① イギリス

ヨーロッパでは，EU の統一的な CSR 政策と同様に，各国レベルでも政府・市民が中心となり独自政策・手法のもとで CSR の取り組みがなされている．そのなかでも，とりわけ CSR をリードしているのが，イギリスである．その進展には，資本主義国家の発祥の地としての歴史的要因が大きい．急速な工業化による公害問題，強制労働，児童就労などを含むグローバリズムの負の側面が，貧困問題を拡大させた．そのため，イギリスでは，貧困者を救済するためのボランティア・NPO の市民レベルでの活動が活発である．

また，政府レベルでも，2000 年 3 月に世界初となる CSR 担当大臣が任命されるとともに，貿易産業省の内部に CSR 担当部局を設置しており，企業に対して CSR を経営に取り込むように積極的に働きかけている．その他にも，年金基金の運用に関して，倫理的・社会的・環境的側面をどの程度考慮したかに関する情報開示として「企業活動財務報告書」の名称のもとで CSR 報告の作成・開示が義務づけられる等，企業が主体性をもって CSR を実践するためのサポートを行っている．

② その他諸国

北欧諸国では，イギリスの CSR とは異なり，むしろ自然環境との調和・環境問題への積極的な取り組みが重視されている．その背景にあるのは，過酷な

自然環境の中にありながらも，先進工業国へと発展を遂げることを可能にした「自然環境との調和」に基づく理念に基づくところが大きい．たとえば，フィンランドは，国土の4分の1が北極圏にあり，80％近くが森林や湖に覆われている．その中で活動する企業も，使用済み製品の徹底回収やサプライヤーと連携した環境経営システムの開発等，自然環境に配慮したプログラムを導入することで自然との共生を図っている．スウェーデンにおいても，CSRは法制度化されており，イギリス同様，企業活動の年次報告書に環境情報を開示することを義務づけている．

　フランスでは，2002年5月にCSR担当大臣を設置するとともに，新経済規制法により，上場企業に対して財務情報と並んで環境・社会側面での情報開示を義務づけている．ドイツやオーストリアでも，年金基金の運用に関する情報開示が求められている．

(4) 企業別の取り組み

　① ボーダフォン

　1982年にイギリスで創業したボーダフォンは，世界26ヵ国3億4千万人以上の加入者を有している携帯電話のグローバル企業である（2004年時点）．グローバル企業として規模が拡大する中で，1999年からヨーロッパを中心にCSR活動に取り組んでおり，2001年からはグループ内部でCSRレポートを発行している．ボーダフォンは，「移動体通信のグローバルリーダーとして，顧客の生活を豊かにし，個人・企業・社会のつながりを一層強化すること」として企業理念を掲げており，CSR活動のベースとして位置づけている．とくに，グローバルな最優先課題としては，①EMF（電磁波）に関する情報提供，②廃棄物とオゾン層破壊物質管理，③責任あるマーケティング，④革新的な製品とサービスの提供，⑤携帯電話端末リサイクル推進，⑥エネルギー効率の向上，⑦サプライヤーに対する購買倫理規定の徹底，の7点に焦点を当てて取り組んでいる．

しかし，各国の事業拠点には，それぞれ固有の事情や企業風土の相違があり，統一的なCSR活動の展開は困難とされていた．このことから，CSR各課題で選ばれた地域や各拠点がイニシアティブをとり，グループ全体でプロジェクトを推進する体制を生み出している．また，グローバルCSRワークショップを開催するなどしてベストプラクティスの共有体制の構築を図っている．

② ノボノルディスク

ノボノルディスクは，1989年に合弁によりデンマークで誕生した．糖尿病，血液凝固管理，成長ホルモン治療に関する医薬品の開発・製造・販売を180ヵ国で展開しているグローバルカンパニーである．CSRに対する考え方は，「各拠点の顧客・サプライヤー，社会全体に対して思いやりをもって，より良い環境と社会発展，経済成長に寄与すること」と位置づけている．とくに，発展途上国での医療や医薬品の普及をテーマにした社会貢献活動を積極的に行っている．また，正確な情報開示を推進しており，デンマーク政府の環境報告書規制に素早く対応して，1994年には第1回目の環境報告書を発行している．

CSR活動をグループ内部に普及させるためには，グローバルな視点とマネジメント能力の備えた国際ファシリテーターチームが各国のCSR活動のチェックを行っている．さらに，CSRの取り組み評価を業績評価と直結させて工夫することで，グローバル各拠点への普及を促進させている．

3. アメリカのCSR

(1) アメリカの特徴

アメリカでは，ヨーロッパと異なり，政府がCSRに直接関与することはほとんどなされていない．このことから，CSRの実践は，大手民間企業やNPOが主体となっている．

この背景には，第1に，訴訟大国であるアメリカでは，企業不祥事やコンプライアンスの違反が発生した場合，多額の損害賠償訴訟を起こされ企業存続に多大な影響を及ぼすことがあげられる．そのため，CSRは，企業倫理・コン

プライアンス・コーポレートガバナンスをはじめとする企業のリスクマネジメント的な特徴として位置づけられることが多い．企業の持続的な存続のためには，透明性の高い企業行動が求められているのである．

　第2に，アメリカは，商業主義がもっとも発達した大量生産・大量消費型の社会であり，企業は利益優先で事業を拡大することに邁進してきた．そのため，市場・資源を求めて海外進出する企業が多くなり，世界的に有名な多国籍企業を多数誕生させたのである．しかし，海外進出先では，ナイキの事例（第12章参照）のように児童就労や環境問題を引き起こしたことから，多国籍企業の評価基準として現地の社会コミュニティ・ステークホルダーとの調和・共存共栄がどれ程進展しているのかも重要なCSRの尺度となった．これを受けて，最近では，現地取引先であるサプライヤーに対しても多国籍企業の行動規範を実践することが求められ，児童就労や環境問題への取り組みは，海外拠点レベルからサプライチェーンレベルにまで進展しているのである．

　また，アメリカでは，企業が社会に対して積極的な影響力を与える社会貢献活動（地域社会への貢献・寄付金活動）の取り組みが盛んであり，有力企業ほど地域社会に深く関係を有して地域へ貢献することが期待されている．これは，キャロル（1993）の社会貢献的責任のことを意味しており（第12章参照），アメリカ社会が利益・株主価値中心主義でありながらも，フィランソロピーやメセナといった活動を推進する企業市民としての役割も求められているのである．さらに，アメリカでCSRの普及を加速化させているのは，SRI（社会的責任投資）ファンドの拡大である．アメリカのSRIは，年金基金以外にも民間の投資信託企業が取り組み，2004年のSRIファンド残高は約230〜240兆円に達しており，ファンド総額の1割を占めていると考えられている．このようなSRI拡大に乗じて，企業の考え方もSRIの高評価を獲得しようと，全社的にCSR活動を普及させているのである．

(2) 企業別の取り組み

① テキサスインスツルメンツ

1930年に創立したテキサスインスツルメンツ（以下：TI）は，テキサス州ダラスに本社を設置し，主として集積回路，電気制御機器，自動登録認証システムなどの製品を製造している．TIのCSRの取り組みは，環境保全活動や社会貢献活動を行っているが，とくに企業倫理に関しては徹底的に取り組んでいる．TIの企業理念には，「誠実・革新・コミットメント」の3点を掲げており，その中でも「誠実」を最優先としている．そのため，事業か倫理の選択判断をする場合には，倫理を優先すると明言している．また，海外拠点への普及体制として，「エシックス・プログラム」を策定し，TIの企業文化としての定着を深めている．このプログラムは，本社のエシックス・オフィスが中心となり企業倫理に関する戦略や方針を策定し，実行している．日本TIでも倫理責任者が配置され，啓蒙・教育・相談等の役割を果たしている．その他アメリカ企業では，IBMがCSRに積極的に取り組む企業として世間に広く認知されている．

4. 日本のCSR

(1) 日本の特徴

欧米CSRの歴史的起源は，1920年代のキリスト教会によるアルコール・たばこ・ギャンブル・武器製造に関する企業への投資廃絶に求められる．その一方で，日本のCSRの起源はさらに古く，江戸時代が始まりともいえる．江戸時代の商家の家訓は，現在のCSRに通じるところが多々見受けられ，従来までの事業者本位の商活動は誤りであり，顧客や取引先，社会との協調・共生を図り，事業者を取り囲むステークホルダーの満足を獲得することが実際の事業活動のあるべき姿であると認識していたのである．また，ステークホルダーとの関係を重視するだけでなく，当時の日本は鎖国制度を敷いていたために海外諸国から資源・商品の輸入も全くなく，衣服や食糧等のあらゆる面で循環型生活を形成し，環境・生態系を重視していたといえる．

その後，1970年代に，公害問題が発生したことを受けて，「企業の社会的責任」という言葉が利用されるようになった．しかし，公害問題が沈静化するにしたがって，日本企業の活動のグローバル化，90年代以降の企業不祥事の続発を受けて，欧米で定着しつつあった新しい概念を融合し，日本でも2000年頃からCSRを導入する動きが加速している．その背景にあるのは，SRI（社会的責任投資），ISO（国際標準化機構），顧客・消費者などのステークホルダーからの情報開示の要請が強かったとされる．現在，政府・産業界・企業が個々に模索している段階にあるといえる．ここでは，行政機関・産業界の取り組みを示し，個別企業については後述する．

　CSRを所管業務とする行政機関は，経済産業省と環境省である．経済産業省は，2004年に産業界・学界などの有識者が参加する「企業のCSRに関する懇談会」を設置し，議論を行っている．経済産業省の取り組みは，企業のCSRに規制を敷くのではなく，企業の自主性・多様な取り組みを尊重して，行政機関として補完的な役割を担っていくものとして位置づけている．また，環境省では，2003年に改訂された「2003年版環境報告書ガイドライン」において，企業の環境報告書に記載することが望ましい社会的取り組みに関する記載事項の充実を図っている．さらに，2004年に「社会的責任（持続可能な環境と経済）に関する研究会」を発足させ，CSRに関する調査研究を進めている．

　産業界においては，経済団体の取り組みが活発化している．日本経団連では，1991年に会員企業が自社の行動基準を策定し運用する際の目安となる「企業行動憲章」を制定しており，2004年には，この憲章をCSR視点から見直し，改訂を行っている．改訂された憲章では，人権尊重やグローバル企業に対する国際ルールや現地法律の遵守も盛り込まれている．さらに，同年に「企業行動憲章実行の手引き」においても，児童労働・強制労働の禁止，現地取引先のサプライチェーン管理にもCSRを導入すべきであることが明記されている．また，経済同友会においては，2003年に『第15回企業白書「市場の進化」と社会的責任経営』で提唱した「自己評価基準」を活用することで経営者が自社の

取り組みを自己評価すべきであると促進している．つまり，CSRはコンプライアンス等の最低限の取り組み以外については，各社独自の理念や戦略に基づいて自主的に行うべきであるとして明記している．

(2) その他アジア・オセアニア各国の取り組み

その他アジア諸国でCSRがもっとも進展している国は，シンガポールである．シンガポールでは，急速な工業化と高度経済成長による水質汚染・大気汚染・廃棄物の環境問題が深刻化したのを受けて，政府主導により多くの法制度を整備している．市民レベルでは，2003年に初のNPOが設立され，企業・市民へのCSR浸透はこれからの課題であるといえる．また，中国・韓国・台湾では，経済成長にともなう公害防止面等の環境問題を重視する傾向にある．オセアニアでは，1998年にオーストラリアが上場企業の取締役報告書において環境規制遵守状況の記述を義務づけている．

(3) 企業別の取り組み

① 松下電器産業

1918年に大阪市で創業した松下電器は，現在，AVCとネットワーク，アプライアンス，デバイス分野などを中心に事業展開しているグローバル企業である．1932年以来の経営理念である「生産・販売活動を通じて社会生活の改善と向上を図り，世界文化の進展に寄与すること」を基本として，CSRの定義を「松下の経済的・社会的・環境的活動をグローバルな視点で再点検し，その説明責任を果たし企業価値を高めること」と位置づけている．CSRの構成要素は，経済・環境・社会の3つの観点からとらえ，8つの視点・要素から成る行動基準が制定されている．中村邦夫社長（2006年2月現在）は，創業者松下幸之助の「企業は社会の器」の精神を再認識し，正直な活動を徹底していくことを社員全員にイントラネットを通じて推進している．CSRのグローバル展開で重要な役割を果たしているのは，CSRの意思決定機関である「全社CSR

会議」および本社各職能部門と海外部門の代表スタッフが参加する「CSR 推進委員会」である．CSR 会議の意思を受けて，CSR 推進委員会がグローバルに活動を展開しているのである．

② リコー

1936 年創立の理研感光紙株式会社は，理研陽画感光紙の製造・販売事業を展開し，1963 年に社名を「リコー」に変更した．現在，画像ソリューション，ネットワークソリューションの領域で製品・サービスを提供している．CSR の取り組みは，「人は，愛の深まりと広がりとともに，世界の全人類，全植物，あらゆる生物を自分と同じように愛するようになる」という「三愛精神」が全グループの原点となっている．また，1976 年にすでに環境推進室を設置するなど，環境・社会貢献に早くから活動しており，1986 年にはグループの行動基盤となる現在の経営理念を制定している．さらに，2004 年には，グローバルグループ全体での価値共有のために「誠実な企業活動」「環境との調和」「人間尊重」「社会との調和」の 4 分野から成立する「リコーグループ CSR 憲章」を施行している．1999 年からは，グループ環境報告書を発行し，2002 年にはドイツ・エコム社の「CSR 格付け」で世界第 1 位の高評価を獲得している．

5. CSR の国際標準体制の整備

冒頭で CSR は多義的な概念であるとしたが，今日，CSR に関する国際標準が国際機関を通じて整備されつつある．

① OECD の多国籍企業行動指針

経済協力開発機構（以下，OECD）は，1976 年に多国籍企業行動指針を作成し，以後，79 年，84 年，91 年，現行の 2000 年に改訂を実施してきた．この行動指針は，OECD 加盟国政府が多国籍企業に対して協同するように求める勧告であり，とくに法的拘束力はなく，採用の是非は企業の自主性に任せてある．最近の 2000 年の改訂では，グローバル生産拠点の拡大にともない，児童就労等の社会問題が表面化したことを受けて，現地の地域社会と多国籍企業の紛争

防止や信頼性向上に関する項目を盛り込んでいる．加えて，環境・社会・経済の各側面を一層強化するように示している．具体的には，定義・一般方針等の2分野を初めとして，情報開示，雇用・労使関係，環境，贈賄の防止，消費者利益，科学・技術，競争，課税の8分野に渡り行動指針が示されている．

② コー円卓会議の企業行動指針

日米欧グローバル企業のCEOで構成される民間グループの「コー円卓会議」は，1994年に企業行動指針を発行している．この行動指針は，企業が社会の信頼性を獲得しつつ建設的な役割を果たすためには，企業自らが世界規模の企業責任の問題に目を向け，行動を律していく必要のもとで作成されている．具体的な構成は，前文の後に，7つの一般原則を示し，最後にステークホルダーに対する原則を掲げている．

③ 国連グローバル・コンパクト

1999年に開催されたダボス会議で，国連のアナン事務総長が提唱した企業行動原則で，2000年に正式に発行された．参加企業は，人権（2項目）・労働基準（4項目）・環境（3項目）・腐敗防止（1項目）に関する10原則を支持・実践することで，その結果を公表することが求められている．2005年現在で，日本企業31社，世界で1,970社・団体が参加している．

④ ISOによるCSR規格制定作業

ISO（国際標準化機構）では，2001年に理事会が消費者政策委員会（COPOLCO）に対してCSRに関する国際規格策定の実現可能性の調査を要請したことから始まる．2002年には，COPOLCO総会において，CSR規格化が実現可能として推奨する採択がなされた．2003年には，高等諮問委員会（SAG）が開催され，翌年，テクニカル・レポートが採択された．同年6月にスウェーデンのストックホルムにおいてCSRに関する国際会議が開催され，社会的責任を負うのは企業だけでなくあらゆる組織に関係することとした議論の結果，規格化の議論の対象はCSRから「SR」へと変更されたのである．

以上，第12章と本章を通じてグローバルCSRを検証してきた．本章では，

図表13－1　CSRの国際比較

	国際機関等	欧米諸国	日本
1920年代		キリスト教会：タバコ・アルコール等の業種を投資対象から除外（米国）	
1960年代		ベトナム反戦運動：投資家が軍需産業の投資を除外の動きが活発化（米国）	
1970年代	1976　OECD：多国籍企業ガイドライン発行	1971　世界初のSRIファンド発売（米国）	公害問題の発生
1980年代		反アパルトヘイト運動：南アフリカ関連企業への投資除外の動きが活発化（米国）	
1990年代	1994　コー円卓会議：ガイドライン発表	ナイキ社：児童就労問題発覚，不買運動が起きる	1991　「経団連企業行動憲章」を発表
2000年代	2000　国連グローバル・コンパクト発行 2002　ISO：CSR規格化検討 2004　ISO：SRの規格化決定	2001　英国：CSR担当大臣任命 2001　欧州委員会：グリーンペーパー発表 2001　エンロン不正会計事件 2002　EUマルチステークホルダーフォーラム設立	2000　食品企業の食中毒事件 2000　自動車企業のリコール隠し 2003　リコーCSR推進室設置 2003　経済同友会：「企業白書」発表 2004　「経団連企業行動憲章」をCSR重視の内容に改訂

出所）古室ほか（2005：166）を基に加筆修正

　CSRのヨーロッパ・アメリカ・日本の国際比較に関して国家レベル・企業レベルで検証してきた．各地域・各国の歴史的背景が影響し，多種多様な取り組みが行われており，現在では，国際機関によるCSRの国際標準の整備が進み，ようやくグローバルレベルで統一的な定義が為される状況にある．このことから，多国籍企業は，従来型の経済面を重視したCSRだけでなく，経済・社会・環境が三位一体となったCSRを実践することで，持続的な競争優位が構築されるであろう．しかし，ISOによるISOのCSR規格における議論では，社会

的責任を負うのは企業だけではなく，あらゆる組織が負うべきであると定義しており，今後のグローバル CSR の進化を担うのは企業だけでなく，NPO・NGO，公的機関はもとより，個々人に委ねられてくると考えられよう．

演・習・問・題

問1　ヨーロッパとアメリカの CSR について，社会・環境・経済の観点から CSR の特徴を比較して答えなさい．
問2　日本の CSR について，アジア諸国の CSR と比較した上で特徴を答えなさい．

参考文献

Carroll, A. B. (1991) "The Pyramid of Corporate Social Responsibility" *Business Horizons*, July-August.
伊吹英子（2005）『CSR 経営戦略』東洋経済新報社
岡本亨二（2004）『CSR 入門―企業の社会的責任とは何か』日経文庫
古室正充・白潟敏朗・達脇恵子（2005）『CSR マネジメント導入のすべて』東洋経済新報社
財団法人日本在外企業協会（2005）『月刊グローバル経営　6月号』「特集　グローバル CSR を考える」
高巌・T.ドナルドソン（1999）『ビジネス・エシックス』文眞堂
藤井敏彦（2005）『ヨーロッパの CSR と日本の CSR』日科技連出版社
水谷雅一編（2003）『経営倫理』同文舘

《推薦図書》

1. 岡本亨二（2004）『CSR 入門―企業の社会的責任とは何か』日経文庫
　　本書は，CSR の概念・背景に関してわかりやすく解説している．さらに，各国別・企業別の比較も行っており，最近の日本の取り組みにも詳しい．

索 引

あ行

ISO　22
アウトソーシング　60, 95
アドラー, N.　153
アングロサクソン型の価値観　176
暗黙知　26, 52
　　──の移転　54
石田英夫　156
EDI　101
異文化教育　155, 157
異文化コミュニケーション　152
異文化シナジー　154
異文化適応へのプロセス　161
異文化トレーニング　157
異文化問題　152
異文化融合　153
因果曖昧性　52
受入国従業員　136
エシックス・プログラム　192
SRI（社会的責任投資）ファンド　191
FTA　19
M&A　7
「送り込み」スタイル　95
OJT　147
オートノミー　121
オペレーションコスト　92

か行

海外拠点の現地人の育成　147
海外事業部　109
海外生産　5
海外直接投資　7
海外派遣者施策　144
海外派遣者の教育訓練　136
海外ビジネス形態　3
外部アクター　122
外部ステークホルダー　171
カウンター・カルチャー・ショック期　161
価格戦略　89
過半数所有　8
カルチャー・ショック　160
川上活動　33
環境報告書ガイドライン　193
関係志向的方法　157
関係特殊資産　54
間接輸出　3
完全所有　8
企業行動憲章　190
企業戦略　31
企業とステークホルダーとの関係　175
企業内国際分業　39

企業の社会的責任　169
企業倫理学　174
「帰属」トレーニング　158
機能的相互補完型　62
機能別戦略　31
機能別分業　39
規範的統合　125
規模の経済　33
基本戦略　31
逆移転　51
吸収能力　54
教育に対する評価　158
競争戦略　31
共同体験の場　55
「業務遂行概念」の違い　156
拠点間のマネジメント能力　122
クオリティ・リーダーシップ　93
国による文化の違い　153
グリーンフィールド投資　7
グリーンペーパー　187
グローカル経営　42
グローバリズム　176
グローバル業界　33
グローバル構造　111
グローバル採用　146
グローバルCSR　169
グローバルブランド　82
グローバル・マトリックス構造　116
経営資源　45
経営資源の移転　47
経営戦略　31
経営の現地化　142
経験トレーニング　158
経済的責任　171
経済のグローバリゼーション　21
形式知　53
言語コスト　157
原産国効果　38
現地国環境　17
現地生産　5
現地代理店　4
現地調達部品　122
現地適応化戦略　78
現地への分権化　127
コア・コンピタンス　45
広告表現　84
高コンテクストと低コンテクスト　152
公式化　124
工程別分業　39
行動変数　73
合弁事業形態　9
コー円卓会議　196

索引

国際競争優位　31
国際広告　86
国際事業部　109
国際市場細分化戦略　76
国際市場参入　71
国際人的資源管理　135
国際成長戦略と組織構造　108
国際調達センター　100
国際提携　58
コスト志向の戦略　92
国家特殊優位　40
コーポレート・アイデンティティ　125
コーポレートガバナンス　174
コミットメントの幅　94
コミュニケーションスタイル　164
コミュニケーション戦略　84
雇用の現地化　142
「混合型」構造　115
コンテクスト　152
　──特殊資産　54
コントロール方法　123
コンプライアンス　170
コンプレックス・グローバル戦略　40

さ行

再適応期　161
細分化市場　72
　──の必要条件　75
差別化　31
差別化型マーケティング　79
差別化と低コストの同時達成　37
3LP　95
JIT　97
GHQ　119
CSR　169
　──マルチステークホルダーフォーラム　188
資源ポートフォリオ　31
市場カバレッジの戦略　79
市場規模　74
市場細分化　71
市場参入の意思決定　71
市場浸透価格戦略　92
市場の可変性　80
実行可能性　74
児童労働の雇用　180
社会化　125
社会貢献的責任　171
従業員の分類　136
集権化　124
集団的意思決定　164
集中型マーケティング　79
集中配置　38
集約化のロジスティクス　100
小集団活動（QC運動）　48, 141
少数所有　9
消費者政策委員会　196

商標　82
情報的経営資源の学習　65
職務給　48
職務評価　48
職務分析　48
女性差別　180
ジョブ・ローテーション　48
所有形態　8
所有と経営の分離　170
人口統計的変数　73
人的資源の管理体制　137
シンプル・グローバル戦略　38
信頼関係　67
心理的変数　73
水平の移転　51
スキミングプライス戦略　93
SWOT分析　31
成熟期　160
成長可能性　74
製品グレード　39
製品サイクル　80
製品の国際的標準化戦略　78
製品の多様化　80
製品ポジショニング　35
世界共通製品　33
世界的製品別事業部制　113
世界的地域別事業部制　112
セグメント　34
接近可能性　74
選択と集中　60
戦略的提携　63
戦略的パートナーシップ　60
相互作用トレーニング　158
測定可能性　74
組織文化論　125
ソーシング　93

た行

第三国従業員　136
第三国生産　5
代替困難性　46
帯同家族のサポート　165
ダイバーシティ・マネジメント　139
多元的なコンタクト　125
多国籍企業行動指針　195
多国籍企業内部のネットワーク　129
多国籍企業の人材育成　147
タックス・ヘイブン　182
多能工　48
多品種少量生産　81
WTO　22
単一職務給　49
地域研修機関　147
地域統括本社　118
知識移転　52
知識の「複雑性」　52

200

中核的な価値の共有　126
調整能力　122
直接輸出　4
地理的市場別分業　6
地理的スコープ（範囲）　64
地理的相互補完　60
地理的変数　73
提案制度　49
提携目的　63
低コスト性　31
適応期　160
テキサスインスツルメンツ　192
敵対的な労使関係　49
適用―適応問題　47
デジタル・デバイド　169
デファクトスタンダード　60
統合化　41
特定国向製品　32
トップ・マネジメントの育成　148
取引コスト論　101

な行

内部ネットワーク　132
内部分析　45
中根千枝　155
2系統の司令ライン　117
二国間関係　18
ニッチ戦略　79
日本人派遣者の異文化適応　162
認識志向的方法　157
　――と関係志向的方法の統合　157
認知・情報志向トレーニング　158
認知的行動修正トレーニング　158
NUMMI　66
能力（ability）　53
ノボノルディスク　190

は行

買収後のマネジメント　128
配置転換　48
発展段階　12
パートナーへの期待（目的）　64
ハネムーン期　160
パワーの源泉　124
範囲職務給　49
比較経営　24
ビジネスの暗黒大陸　94
ヒューマンウェア　51
標準化　125
標準化と適応化　80
ファイブ・フォース理論　185
VMI　97
フィージビリティ・スタディ　5
フィランソロピー　171
部分所有　8
プライス・リーダー　91

プラットフォーム（車台）の共通化　42
プレステージ性　93
プレミア価格　36
ブロード・バンディング　49
プロフィット・センター　110
プロモーション　89
文化気づきトレーニング　158
文化的多様性　154
「分化―統合」問題　107
分散配置　39
ペネトレーション価格戦略　92
包括提携　61
法的遵守の責任　171
ボーダーフォン　189
Bodyshop　83
ホフステッド, G.　153
ホール, E.　152
本国従業員　136
本社主導による現地経営　143
本社の人材育成　146

ま行

マークアップ率　92
マーケット・シェア　91
松下電器産業　194
マトリックス組織　116
マネジメントスタイル　164
マルチドメスティック業界　32
マルチドメスティック戦略　34
マルチリージョナル　41
ミルクラン方式　95
無差別型マーケティング　79
メガ・コンペティション　59
メセナ　171
模倣困難性　46

や行

輸出部　109

ら行

ライセンシング　61
リコーグループ CSR 憲章　195
利潤の最大化　171
リスボン戦略　187
立地特殊優位　40
稟議制度　164
倫理的企業　172
倫理的責任　171
労働意欲の向上　135
ローカリゼーション　25
ローカル・コンテンツ　18
ローカルブランド　82
ロジスティクス・オペレーション　99
ロジスティクスの集約化・集中化　101
ロッキード事件　179

編著者紹介

茂垣　広志（もがき　ひろし）
横浜国立大学経営学部教授
『グローバル経営の調整メカニズム』(共著) 文眞堂，1998年
『新・国際経営』(共著) 文眞堂，2002年
『グローバル戦略経営』学文社，2001年

マネジメント基本全集 5　　国際経営（グローバル・マネジメント）
　　　　　　　　　　　　　　国際ビジネス戦略とマネジメント

2006年9月30日　第一版第一刷発行

編著者	茂垣　広志
監修者	茂垣　広志
	根本　孝
発行者	田中千津子

発行所　株式会社 **学文社**

〒153-0064　東京都目黒区下目黒3-6-1
　　　　　　電話(3715)1501代・振替00130-9-98842

（落丁・乱丁の場合は本社でお取替します）　・検印省略
（定価はカバーに表示してあります）　印刷/新灯印刷株式会社

©2006 MOGAKI Hiroshi Printed in Japan　　ISBN4-7620-1490-7